U0000981

歲時律動

智慧四千年的24節氣

Rhythm of the Seasons

Living with the Chinese Almanac

Ma Yi Kung

人類的演進是由於好奇心、求知欲及敏銳的觀察力，觀察自然界週期性規律的變化，草、木、蟲、魚、花、鳥、獸的生長變化，漸而萌生物候曆。並觀測天空的亮星，埃及人以天空第一亮星天狼星辰升為一年開始，中國人則特別重視大火，甚而設火正一職，是怕錯過農期。不約而同許多原始民族都從觀察冬至開始，先民體認環境、艱苦奮鬥適應環境，發展出農業社會重要的二十四節氣，成為生活的一環，所創造出的正是文化與文明。

右圖最亮的一顆星是天蠍座主星
中國天文稱大火或心宿二
由天文攝影家陳培堃所攝
傳說帝堯時專設「火正」觀測
此職位後世演變為欽天監

歲時律動

歲即歲星，也就是木星。木星約十二年一周天，區分為十二「星次」，類同巴比倫的黃道十二宮，木星走一「星次」的時間稱「一歲」，這是遠古的歲星紀年。

時分四時，即四季。傳說帝堯用昏中星正春分、夏至、秋分、冬至之時，殷商用風的方向及冷暖定四時。爾後藉著北斗七星的斗柄所指，分出四時。

不論日之升落、月之盈虧、星的轉移、四季寒暖，都有週期性規律的變化，這種規律漸而萌生成曆法，成為生活遵從的規範。

從《夏小正》記載夏朝時已知有冬至（時有養夜）與夏至（時有養日）這兩天，發展成二十四節氣，是又經過了約二千年左右的摸索與努力。

漢朝時節氣即節慶，六朝後民間發展出與生活密切相關的節慶，本書梳理這四千年來的智慧，以期建立一個生命終而復始生生不息的自然觀，使現代人在遼闊的宇宙時空浩瀚中，經由「歲時律動」的度過儀式，找到有限生命的憑依，並將這種經驗傳承下去。

目次

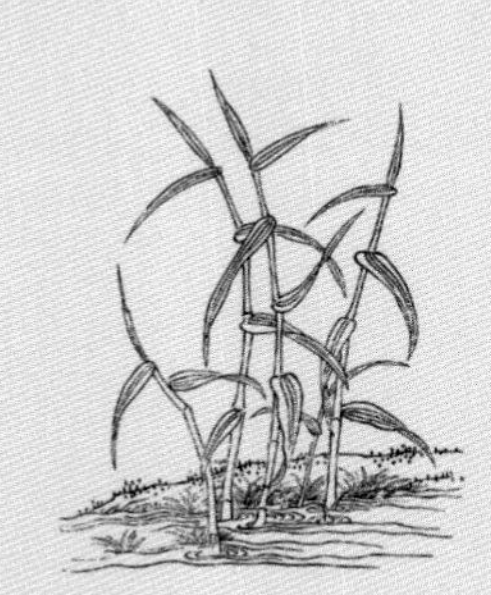

◎本書分六大部分：

第一部分「欽若昊天——智慧四千年」，彙整古籍文獻資料，按朝分代敘述中國獨特的天文曆法形成、發展及變化；

第二部分「新正」為正月初一到十五的年俗；

第三至第六部分依序分別為春、夏、秋、冬四「時」，以二十四節氣為基礎，其間包含此一季節的民俗節慶、草木蟲魚花鳥的自然變化等等。

◎夏曰歲、歲取星行一次。一星次是一歲，星次名稱：星紀、玄枵、諏訾、降婁、大梁、實沉、鶉首、鶉火、鶉尾、壽星、大火、析木，非常冷僻。僅稱「參」的實沉與稱「商」的大火，因杜甫詩「人生不相見，動如參與商」較為人知。

◎商曰祀、祀取四時一終。殷商時以風的方向與寒暖分出四時祭祀。

◎周曰年、年取禾更一熟。是穀物生長收藏的一個循環。爾後稱歲是冬至到冬至的太陽年。年事陰曆正月初一到除夕的太陰曆，「歲自成歲、年自成年」。

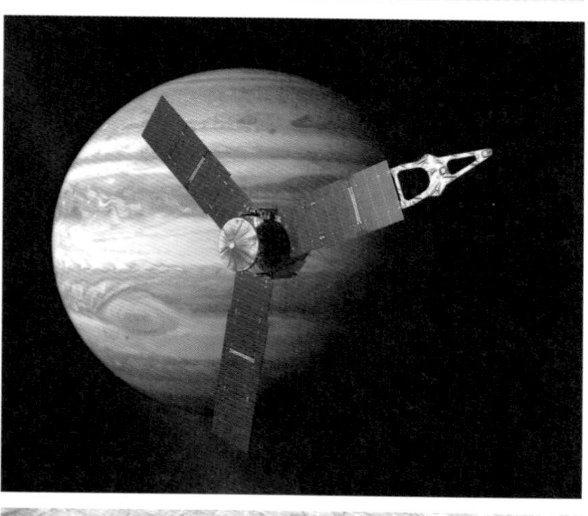

人類很早就能分辨出恆星與行星，行星中國以金木水火土五行命名。
最上圖為〈五星二十八宿神形圖〉卷中歲星木星的形貌。
西方以神話的神祇為行星命名，木星是天神之首朱庇特 (Jupiter)。
2016/7/5 太空探測器朱諾 (Juno) 進入木星的極軌道。
朱諾是朱庇特的妻子，只有她能看穿層層雲霧後朱庇特的真面目。
朱諾所傳回木星近距離的照片，完全超越了人類的想像，開啟了不同的視界。

◎四千年前的時書，四百餘字的《夏小正》表達物候簡明生動，以天空亮星（參、鞠、大火、南門、織女）的方位來訂出時序，也知道「辰繫于日」水星極靠近太陽，為日後精深的天文學奠基。二十四節氣的冬至與夏至亦萌生於此時。

◎〈堯典〉觀測的春分、秋分符合西周的天象，二至二分確定。立春、立夏、立秋、立冬約在戰國時才出現，並訂定四立為四時之首，至此八節確定。

◎為因應更複雜的農耕，戰國末以十五日餘為一節的二十四節氣成形。二十四節氣反映出精確的播種日期、雨水多少、霜期長短。是不折不扣的農民曆。

◎夏曆以東風解凍的陰曆正月為一歲之首、周曆是以冬至所在的陰曆時十一月為一年之始，到漢武帝改回夏曆，中國曆法幾乎無太大的變動。然二十四節氣及八字子平的干支曆是太陽曆，也鮮為一般人所知。

夏朝《夏小正》觀測每月草木蟲魚花鳥變化，以定節候是物候曆。
上圖均為國立故宮博物院所藏
清《毛詩品物圖考》草木蟲鳥圖像。

欽若昊天

智慧四千年

欽若昊天歷
象日月星辰
敬授人時分
命羲仲宅嵎

西元一九一二年，中國放棄使用了近五千年的傳統曆法，改用陽曆。

這是教皇格列高利十三世於明萬曆十年（一五八二）時所創。十八世紀初已廣為天主基督教國家使用，日本在明治六年（一八七三）改用此曆。

西洋曆是純以數字來計年、月、週、日，年雖說是由耶穌誕生紀元算起，到六世紀才開始使用「西元」。據歷史學家考據，耶穌可能早生四到七年左右。表示耶穌誕生前的「西元前」，晚至十八世紀末葉不得不增設，顯示更早之前的年份。

西元前七五三年時，一年分十個月計三〇四日，其他近六十天似是假日。

後曆序混亂，終由凱撒在西元前四十六年改曆，稱為儒略曆（Julian calendar）。

儒略曆一個月的長短，大致符合月相變化週期二九・五三日，由人為規定三十或三十一日，二月為執行死刑月所以只有二十八天、七月紀念凱撒、八月紀念奧古斯都是三十一天，其餘月份大小月相間，總天數是配合一個太陽年的三百六十五天。

西曆雖只是刻板且沒有任何意義的數字，卻是不能避免及順應時代的趨勢。

陽曆用源自巴比倫的「週」、一週七日對應七曜——即日月及五大行星。

週日是日曜日、週一月曜，週二至週六依序是火曜、水曜、木曜、金曜及土曜，日本仍沿用。

中國民間並沒有放棄原來所熟悉曆法，聯合國教科文組織於二〇一六年底，將二十四節氣登錄為中國的「人類非物質文化遺產」，其英文登錄名為「中國人依據太陽運行經年累月的觀察與生活實踐」。

我們日常生活之中還有許多的節慶；春節、上元、清明、端午、中元、中秋、重九及冬至到歲末除夕。

曆法的起源原本是為了配合人們日常生活的需要，我們也習慣了陰陽兩曆合用的生活方式，只是現代人對於這些歲時的本質，究竟代表了什麼？四、五千年的文化傳承到什麼？在迅速西化的變遷中，我們又失去了些什麼？都已經模糊不清了！

JULIAN 1582		October			Gregorian 1582	
Sun	Mon	Tues	Wed	Thurs	Fri	Sat
	1	2	3	4	15	16
17	18	19	20	21	22	23
24	25	26	27	28	29	30
31						

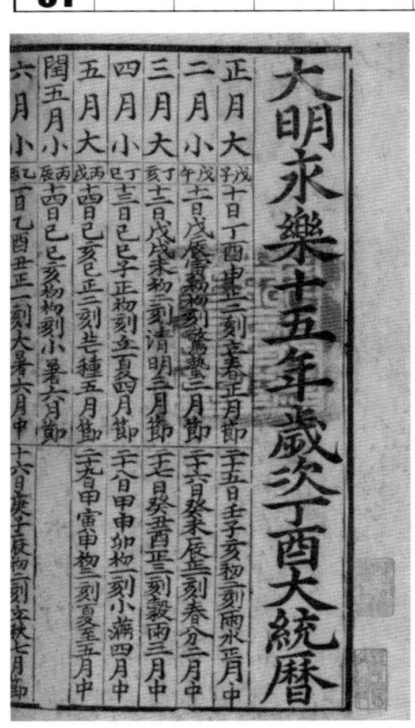
大明永樂十五年歲次丁酉大統曆

正月大

二月小

三月大

四月小

五月大

閏五月小

六月小

元至元十八年（1281）
郭守敬創《授時曆》，
測出一個回歸年為 365.2425 日，
領先 1582 年修曆刪去 10 日的格列高利曆。
明《大統曆》沿用，左圖為 1417 年曆書。

〈堯典〉傳說之曆

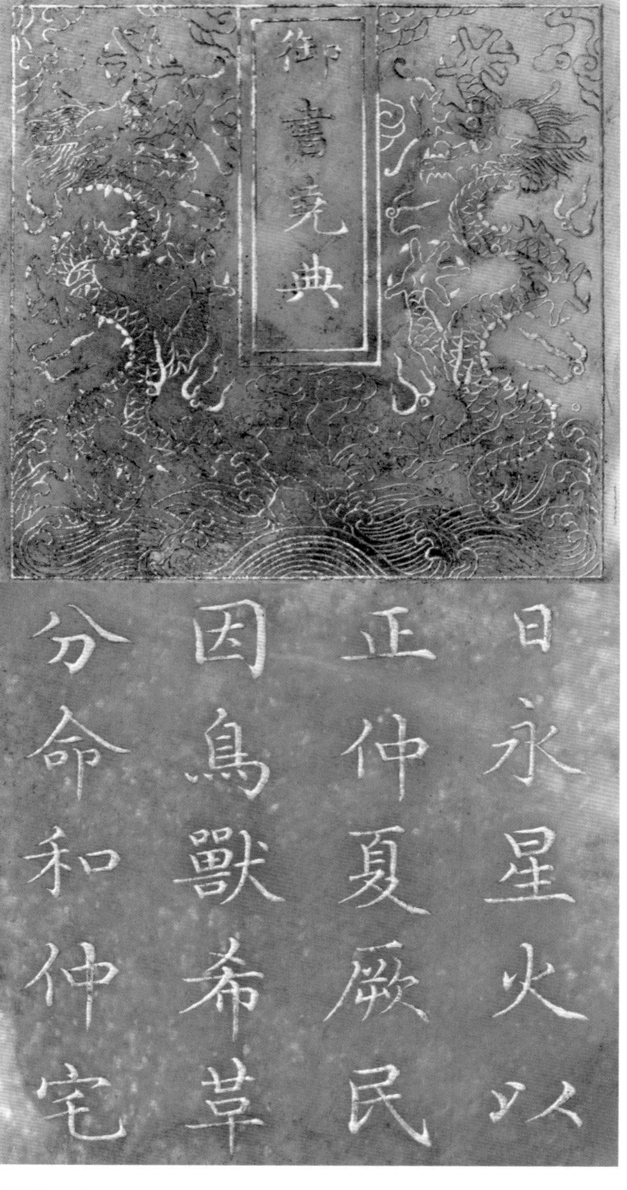

世界已知最古老的曆法是埃及曆，埃及人以天狼星與太陽一同升起為一年之始，也是尼羅河開始氾濫之時。巴比倫人治曆亦極早，其一年始於春分，西元前六二六年以牡羊座為始的黃道十二宮建置完成。巴比倫曆為日後希臘羅馬曆之基礎。

我國天文學的發展也非常早，且自成一獨立系統。在三皇五帝的傳說時代，即有所謂「炎帝分八節。軒轅建五部。少昊以鳳鳥司時。顓頊以南正司天」。因為沒有實際的文獻留存下來，後世都認為這些資料是春秋時代人士所假托。

《尚書》的〈堯典〉傳說堯「乃命羲和，欽若昊天；曆象日月星辰，敬授人時」。羲和是曆官，當時曆法是以觀測天象來洞悉自然界種種，整理出規則規律，由此來決定一年的季節，讓農事政事能及時進行，尊敬並順應天命。

〈堯典〉以「日中星鳥以殷仲春；日永星火以正仲夏；宵中星虛以殷仲秋；日短星昴以正

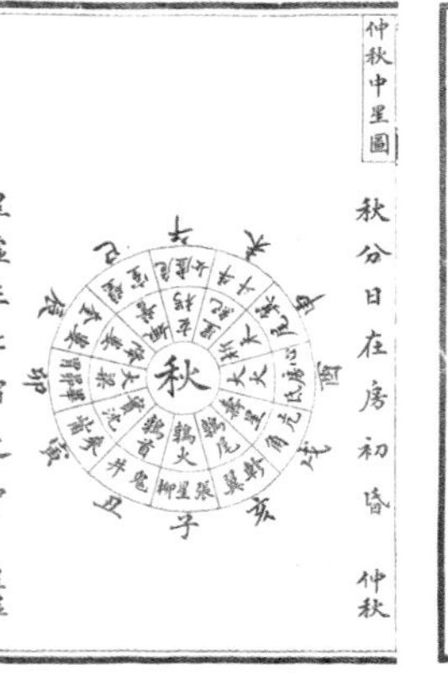

仲冬」。鳥火虛昴都是星宿名，當時觀測日落後南天正中的亮星稱「昏中星」來決定「日中」、「日永」、「宵中」及「日短」這四天的日子，此時僅以日的長短區別，爾後稱之為春分、夏至、秋分、冬至。

天文學家竺可楨曾推測《尚書》四中星的年代，認為鳥、火、虛三星合乎殷末周初的天象，昴星位置卻符合西元前二七〇〇年的天象，因成書時尚不知「歲差」，無法偽造更早時期的天文紀錄，顯示冬至觀測極早，可確證遠古已知觀測冬至。

堯時並設「火正」一職，專門觀測大火星，大火星約三月末於晚間出現，與黃河流域農耕關係密切，錯過播種的季節就沒有糧食。所謂「顓頊以南正司天」。

〈堯典〉中還有「朞三百有六旬有六日。以閏月定四時成歲」。朞為期的古字，說明一年有三百六十六天，設置閏月來修正太陽年與太陰月的偏差，但這都不可能是當時能有的進步天文知識。此時仍屬傳說時代，可能尚未充分掌握一個回歸年（即地球公轉一周所需之時）的日數，藉著昴星的冬至觀測，文明已經開始萌生了。

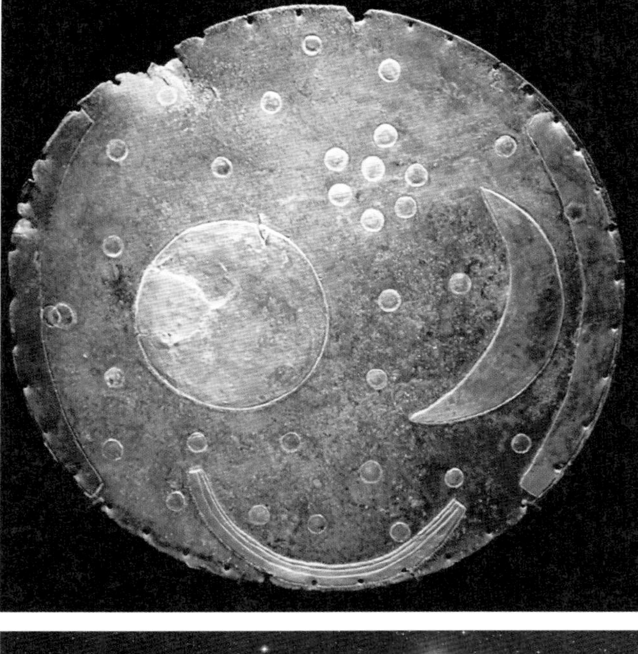

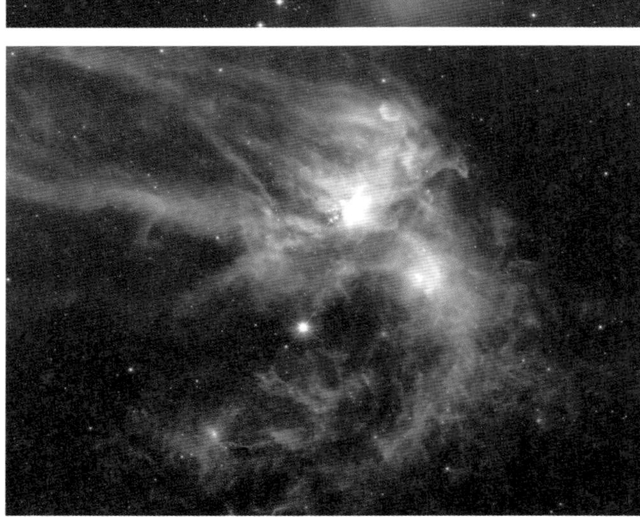

右頁：清 <堯典> 玉冊，及四仲星圖解。
左上：西元前 1600 年的 Nebra 星盤。
星盤彎月及兩組星，上為昴、下似心宿。
左中：金牛座昴星團。
左下：大火即心宿為天蠍座主星。

《夏小正》最早的物候曆

根據「夏商周斷代工程」初步結論，夏朝由禹到桀傳了十七世（2070 B.C.-1600 B.C）。迄今我們仍對夏朝不甚瞭解，夏朝文字亦未曾現。

《禮記》〈禮運篇〉孔子言：「我欲觀夏道。是故之杞而不足微也。吾得夏時焉。」夏人後代居住的「杞」，他們並沒有保留什麼夏朝的文化，只有曆法時書仍為遺民們所使用。這本夏時應是《夏小正》，後來收入《大戴禮記》第四十七篇〈夏小正〉，現存本文已與注解混合，大致正文在四六三字左右。按十二個月順序排列，全篇論及天象、物候（草、木、蟲、魚、花、鳥、獸的變幻）以此來決定農時及政令。雖《夏小正》有觀星，但無星占的記載。其文字古奧樸拙，並有許多非科學的推測，如腐草化為螢、田鼠化為鴽等，表現出先民的疑惑與臆測。

《夏小正》五月及十月篇中各有「時有養日」、「時有養夜」之句，養是「長」的意思，表示五月中有一天日最長，十月中有一天夜最長，所指正是夏至與冬至兩日。

據《尚書．禹貢》天下分九州：冀州、兗州、青州、徐州、揚州、荊州、豫州、梁州、雍州。

遠古漆黑的夜晚《夏小正》以明亮且人們熟悉的「參」、「北斗」、「大火」、「南門」、「織女」、「昴」等星宿的出沒動態，來顯示月令及節候。二戰前日本學界有所謂「夏殷周三代抹殺論」，認為三代都是神話傳說，並將《夏小正》等古籍概歸納為漢時偽作。天文學家能田忠亮則認為《夏小正》天象符合西元前兩千年左右黃河流域的夏都安邑，應是這個時期的口傳資訊無誤。《夏小正》顯示夏朝曆法是順農耕的生長收藏，選擇東風解凍時約陰曆一月為一年之始。

爾後殷商、周、秦對歲首各有不同，直到漢武帝元封七年改曆，恢復夏制以正月立春為一年之始。以農立國的時代，漢武帝改回「夏正建寅」後，延用至今。夏朝離我們已有四千年之遙，當時即使有文字，想來也十分原始簡拙，卻已有了這樣進步的曆法與天文知識，今天我們稱陰曆為夏曆，也自稱為華夏之邦。

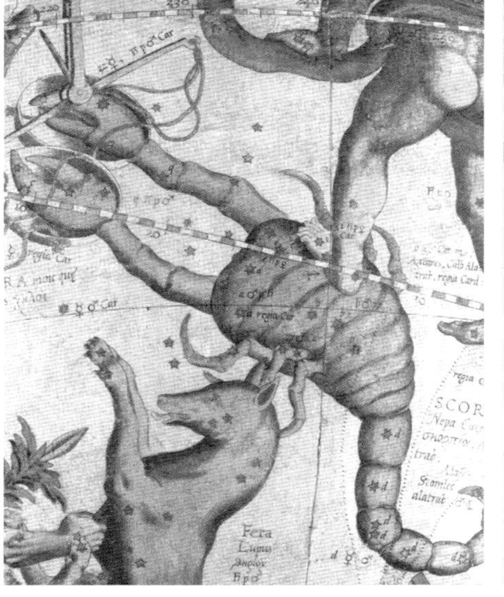

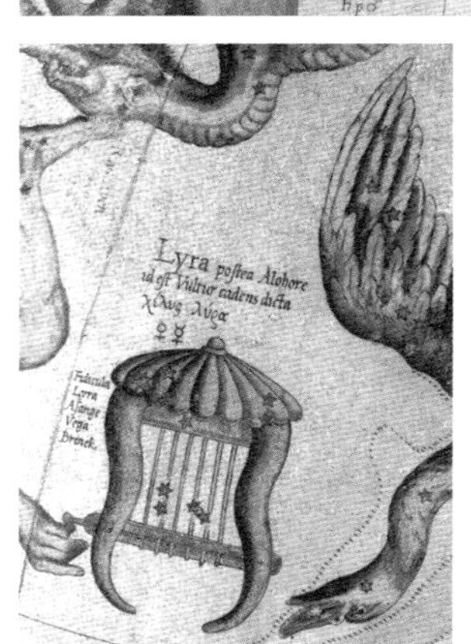

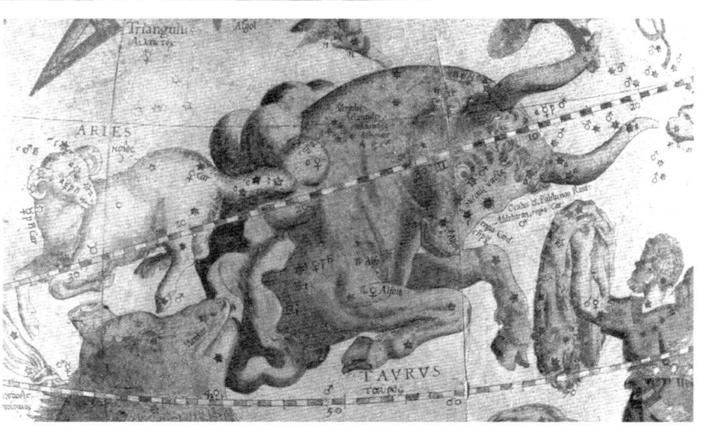

《夏小正》亮星由上而下：
斗：大熊座
大火：天蠍座、參：獵戶座
織女：天琴座
昴：金牛座昴星團

殷 四方風

殷商時以從不同方向吹來的四種風分四時，古字風與鳳通，即「少昊以鳳鳥司時」之典。

據《河圖帝通紀》以「天地之使」形容風，風的季候性屢見於古老典籍稱風曆。

甲骨文出土及殷墟的發掘，使遙遠的殷商文化有了較清楚的面貌，也發現《史記・殷本紀》記載大多數都接近事實，二十餘萬片的甲骨出土，成為中國文字歷史開始。

四風見於殷武丁時編號一四二九四之甲骨稱「四方風」，以四風分四方是方位也是季節。此甲骨刻了二十八字有四字破損，四個方向僅存東、南兩字，方位神仍存，各為「析、因、丰、九」，並以「劦、微、彝、冽」形容風的冷暖。各家對甲骨之字解讀有出入但形容的是方位，也是季節冷暖是共識。

其他甲骨上也有大量祭祀、農事及天象的記載，日均以「甲乙丙丁戊己庚辛壬癸」十天干表示，殷商的君主全以天干為名，像太甲、武丁、盤庚、帝辛（紂）等。天干傳為黃帝命大撓氏所做，所謂「軒轅建五部」，甲乙木、丙丁火、戊己土、庚辛金、壬癸水代表五行陰陽之說，要到戰國五行流行才成立。

「歲中置閏」可能也始自殷商。原始曆法以太陰計月、太陽計歲，每隔二到三歲，就必須加一個月來調整，即〈堯典〉中所謂「以閏月定四時成歲」。殷以前閏月都設在最後一個月之後，稱十三月。我們雖無法得知殷曆是如何歲中置閏，但從甲骨中有「冬八月」、「多八月」等文字出現，冬古有「後」的意思，多也表示多一個月出來，代表了當時已會「歲中置閏」把閏月安置在最適當的位置，是天文史上的大進步。

左列：二組珍貴的甲骨拓片，
上為四方風原片及拓片，
下為六十干支表。
右：風神石刻拓、殷風與鳳通，
日中有鳳、月中有桂樹。

西周　月相陰曆

西周約始於西元前一千年左右，專家認為〈堯典〉中所描述的天文知識，實際上是西周初年的水準。《詩經》的〈七月〉篇中有「七月流火、九月授衣」句，指「大火」星七月後漸向西沉，天氣變涼要準備冬衣了。顯現當時一般人民對於重要的物候與星象，都能熟悉地念唱出來。

西周天文開始對月觀察，以二十八宿為座標，等同於黃道十二宮，記錄日月及五大行星的運行。西周以前雖大致以月的圓缺為一個月，出現了「朔」這個名詞，代表已可測出新月初生日為一月之始，西周文獻中還出現「生霸」、「死霸」的名詞，像「既生霸」、「哉死霸」等，目前只知這些文字是形容月相，霸在《說文解字》係「月始生魄然也」，「生」表示月相日漸圓滿，「死」則相反。

形容月相變化「初吉、既生霸、既望、既死霸」似是將一月分成四週，每週約七天，與現行星期制相近似。只是天干紀日一旬十天，自殷商以來已熟用，天干十日終而復始簡單方便，月相只相隔一、兩日的變化不是那麼明確，這七天一週的曆法並沒有被使用，一直到改用西洋曆前，中國人都習慣用十天一「旬」，而不用七日一「週」。

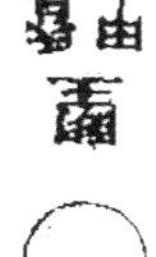

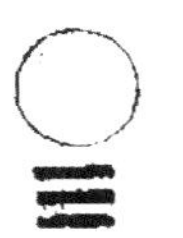

上：周公在陽城測景，是中國最早天文台，碑立於唐玄宗時。
左：月體盈虧昏旦所見方向圖。
西周月相初一是既死霸、十五日是既生霸，形容月的陰晴圓缺。

春秋 觀象授時的最後階段

西元前七七〇年周平王從豐鎬遷都到成周（洛陽）為春秋之始，自此稱東周。周朝時數學已十分發達，《周髀算經》或《九章算術》中已有現代幾何、代數、開平方、立方等的算法。春秋曆法的一大成就是算出一個回歸年的長度是三百六十五又四分之一日，因餘數為四分之一而被稱為四分曆。這與現代天文學精算出地球公轉一周所需時間，只相差了十一分鐘左右。回歸年的測出解決困擾很久的置閏月問題，算出了大致十九個回歸年加置陰曆七個閏月的方法。至於冬至點每年會移動——沿黃道西退而造成的歲差，到晉朝時才被天文學家虞喜發現。此時人們總算可以因累積足夠的經驗，而掙脫觀象授時，以科學規律主動地編算曆法。

春秋開始以十二地支紀月：「子、丑、寅、卯、辰、巳、午、未、申、酉、戌、亥」列十二個月。地支與天干都是符號，最早都是表示了萬物由出生起經過成長、繁茂、成熟、衰竭、滅亡到胚胎重新萌芽循環不息的狀況，而後才發展應用到與方位及陰陽五行的關係。周以冬至為一個回歸年之首，冬至所在的月份就是子月，順次到亥月。

殷商甲骨雖已見排列有序的六十甲子表，用來紀日應可朔及殷商，因斷代尚有疑慮，一般均以《春秋》記載魯隱公三年「春王二月己巳日有食之」的日蝕，來驗證干支紀日迄今未間斷。過去不知日蝕原因，是大事而記錄之，日蝕必發生在初一，現代科學已完全可精確計算每一次日蝕發生的時間與地點。隱公三年二月初一發生日蝕，這天干支紀日為己巳。

辛酉 三年

春王二月己巳日有食之 每食必書示後世治歷明時之法遇災而懼之意也

三月庚戌天王崩 平王崩周人來訃而隱公不往是無君也其罪應誅不書

《春秋》記隱公三年西元前 720 年之日蝕。

這天換算儒略日是第 1,458,796 日。以現代天文學推算此日中國中原地區確有日蝕。以現今任何一天的干支曆如二〇一六年立春是第 2,457,423 儒略日，這天干支日是丙辰日推算回去，可證干支紀日由當日己巳連續近一百萬天，其間沒有間斷或錯亂。

天文學家考證《禮記》〈月令〉篇中所載星象，約為春秋中期的星空。篇中訂春夏秋冬四「時」之首是立春、立夏、立秋、立冬這四日，每「時」各有孟、仲、季三月。其中仲春、仲秋兩月都有「日夜分」一詞是晝夜等分的「春分」、「秋分」，仲夏的「日長至」是「夏至」，仲冬的「日短至」當是「冬至」。此時八節已分，四立日的名詞已與近代完全相同，二分二至仍沿用古名，還沒有改為春分、夏至、秋分、冬至。

七衡圖

周髀算經卷上

二十九

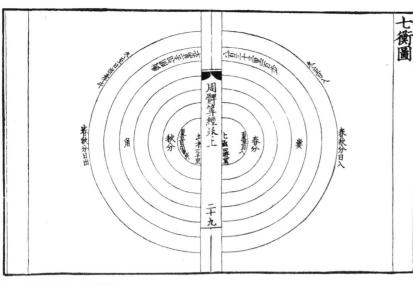

上：《周髀算經》〈七衡圖〉。
分天際為七衡六間，夏至太陽在最內一衡，
後每月移動一衡冬至時已到最外，
再回到最內來回 12 個月，可用以推算二分二至節氣。

下：1822 年的星圖春分點（黃道與赤經交點）在雙魚座，
歲差導致春分點約每 71.6 年西移一度，
西元前 672 年巴比倫訂定黃道十二宮時的春分點在牡羊座，
已相差 34.5 度左右，與現今約 37.5 度。
星象學 (Astrology) 與天文學 (Astronomy) 的差異。

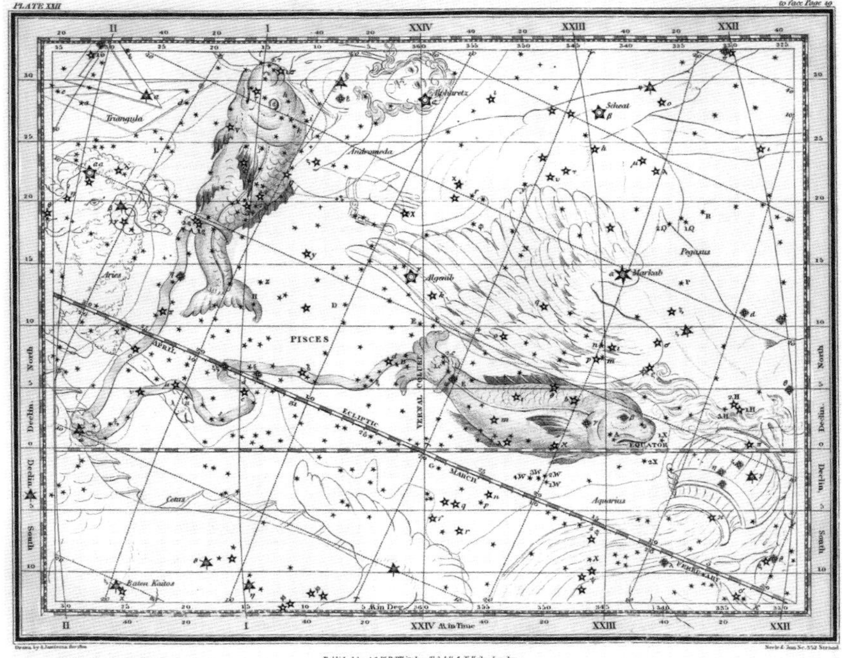

戰國　文明的躍升

西元前四五三年韓、趙、魏三家分晉，此為戰國時期之始，直到西元前二二一年秦始皇統一天下為止。這兩個半世紀中，中國雖歷經了空前的戰亂，但文化百家齊鳴，是燦爛輝煌的時代。

戰國時代魏國人石申《天文》一書雖已失傳，從被引用在唐《開元占經》資料，已知一百二十一顆恆星，是年代僅次於巴比倫星表的古星表。並述及「金、木、水、火、土」五大行星運行，發現日蝕、月蝕是天體相互掩蓋。

一九七八年出土戰國曾侯乙墓的漆箱蓋，上繪龍虎及二十八宿圖案，年代約在西元前四三三年之際，證明戰國時對月相的觀察更加細膩，將周天分為大小不等的二十八個區域稱二十八宿。此圖亦顯示龍虎（青龍與白虎）與二十八宿相關，尚未見朱雀、玄武。

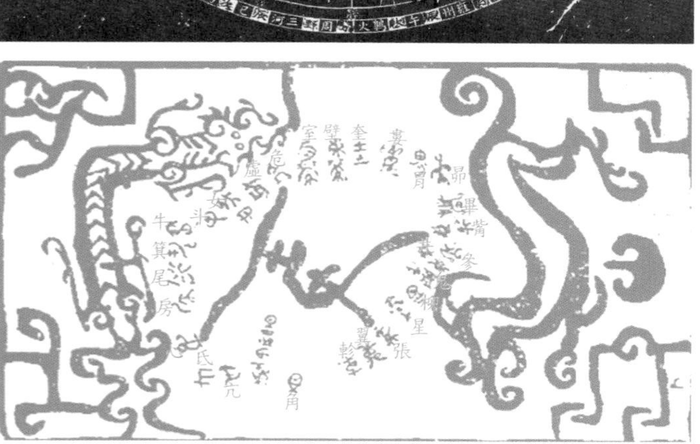

上：南宋黃裳所繪有 1,440 顆恆星及銀河，為最早有 28 宿完整名的天文全圖。
下：曾侯乙墓漆箱蓋頂之 28 宿圖。
左頁：韓國的四神壁畫，及漢瓦當。

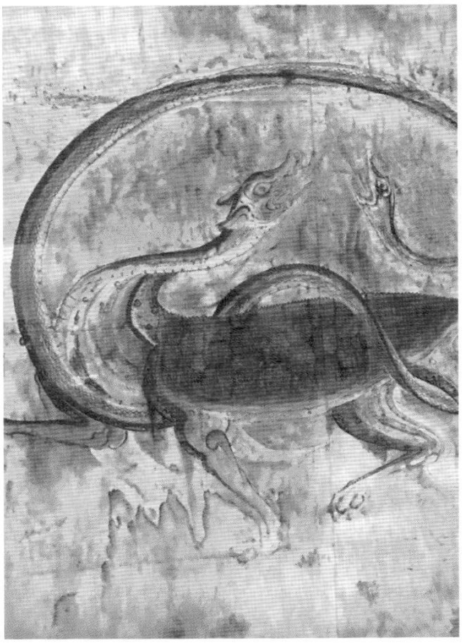

戰國末秦相呂不韋《呂氏春秋》之〈十二紀〉中，每個月都仿《夏小正》以鳥獸草木蟲魚花鳥之變來印證節候。立春日開始孟春之月。立夏、立秋與立冬分別為孟夏、孟秋與孟冬月之始。此四立日加上之前的春分、夏至、秋分、冬至，合稱八節。

〈十二紀〉中約每月敘述六種不同的自然現象，立春雨水是「東風解凍。蟄蟲始振。魚陟負冰。獺祭魚。候雁北。草木萌動」。這些描述與《夏小正》正月的「啟蟄。魚陟負冰。獺祭魚。雁北鄉」大致類同，是爾後七十二候的雛形。

中國曆法的發展自此已經成熟，完全擺脫了觀象授時，基本是陰陽合曆，一直延用到今天，其間只有少許的改變，以及些微細末的修正，但這個大的架構始終沒有改變。

漢 節氣即節慶

西漢初沿用戰國的星紀年，天文學者以木星運行與天體其他星宿相反，因而虛擬一顆太歲星與木星反向運行，同樣也是十二年一周天，並以太歲所在位置紀年，稱為太歲紀年。各年太歲名見《爾雅・釋天》：「大歲在寅曰攝提格，在卯曰單閼，在辰曰執徐，在巳曰大荒落，在午曰敦牂，在未曰協洽，在申曰涒灘，在酉曰作噩，在戌曰閹茂，在亥曰大淵獻，在子曰困敦，在丑曰赤奮若。」今僅極少數文人雅士題款時才會使用。大部分現代人不知以木星為歲星的由來，也不知太歲名稱，反而對子虛烏有的太歲星所衍生出「犯太歲」、「沖太歲」、「太歲當頭」等等說法十分熟悉也害怕。

漢武帝編《太初曆》，以夏曆的正月為歲首，是中國第一部有明確文字記載的曆法，一個回歸年365.25016244日，非常先進。

一九八六年柿園漢墓發現〈四時雲氣圖〉——墓主推測為第六代梁王劉買，他死於漢武帝建元四年——顯示西漢初四象尚未完備，青龍、白虎與朱雀已形成，玄武略有雛形。

王莽地皇元年（西元二〇年）拆建章宮建九廟，其四城門的四神瓦當為全新燒製，是最精美的四神圖案之一，此時以二十八宿配四神建置完備。

東方蒼龍：角、亢、氐、房、心、尾、箕。

北方玄武：斗、牛、女、虛、危、室、壁。

西方白虎：奎、婁、胃、昴、畢、觜、參。

南方朱雀：井、鬼、柳、星、張、翼、軫。

西漢《淮南子》之〈天文訓〉承繼戰國資訊「十五日為一節，以生二十四時之變」，完整列出二十四節氣的名稱和次序，以「冬至」為始，依序為「小寒、大寒、立春、雨水、驚蟄、春分、清明、穀雨、立夏、小滿、芒種、夏至、小暑、大暑、立秋、處暑、白露、秋分、寒露、霜降、立冬、小雪、大雪」。以春夏秋冬四時來區分，名稱以天候寒暖、雨量多寡、霜期長短等與耕作相關的資訊，是標準的農民曆。

漢朝時「八節」為重要節日，屬統治階級的祭祀，八節所祭各有所不同：「冬至祭天、夏

至祭地、春分祈日、秋分祈月。立春迎春、立夏迎夏、立秋迎秋、立冬迎冬。」這些祭祀日為節慶日最早的雛形。

「冬至」一直是中國人心目中非常重要的節日，今天民間仍認為「冬至大過年」，也流傳著吃過冬至湯圓，就長了一「歲」的說法。周朝起以冬至為歲首。漢武帝改曆以正月初一為一年之始後的一千年，宋朝的制度仍將冬至與元日及寒食並列為最重要的假日，所謂「炎帝分八節」也是戰國末到漢初的知識。過了冬至以後，就要準備「臘」祭了。臘祭先祭祖、後祭百神感謝五穀豐收。我們今天仍稱之冬至後的月份為臘月，而祭祀用的供品，變成了今天各種的臘味。

最上：河南博物院展示中的〈四時雲氣圖〉。
右頁及上圖：美國大都會博物館所藏
唐代陶土及清代十二生肖玉雕。
東漢初西元 85 年，改太歲紀年為干支紀年，
十二生肖約此後開始流行。

六朝、隋、唐 歲時節慶

南朝宋元嘉六年天文曆算家祖沖之出生，他研習數學算出全世界最早的精確圓周率，他西元四六二年編的《大明曆》算出一個回歸年為356.24281481日，較日後唐一行所編《大衍曆》的365.2440789日更精準，是全世界首次將歲差計入之曆，雖數值有誤差但其餘數據與現代測值幾無相差，卻遭寵臣戴法興反對，至他死後十年的南梁時才頒行。

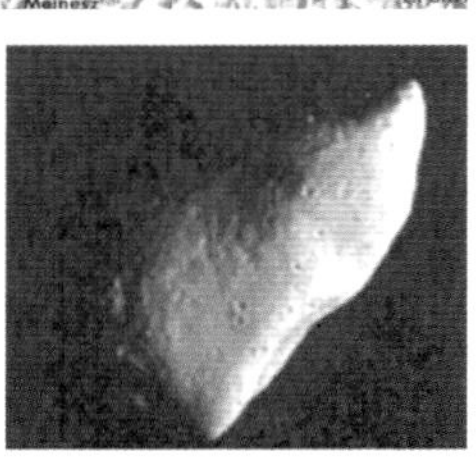

上：月球不會自轉，背面我們永遠看不到。（阿波羅 16 攝）
中：1967 年國際天文協會以祖沖之命名月球背面某一月坑（crater）。
下：左為祖沖之月坑、右為命名為祖沖之的小行星 1888。
祖沖之的成就除了是最早將「π」算到 3.1415926 和 3.1415927 間、
回歸年≒ 365.24281 日、回歸月≒ 29.530592，
與現代值分別在小數第四、五位才有誤差。

六朝梁人宗懍所著《荊楚歲時記》描述元日到除夕，荊楚地區的民間活動，保存大量的傳說、神話。現在的民俗節日，與秦漢時已大不相同，新正期間的椒柏酒、桃湯、屠蘇酒、五辛盤、桃符、七草羹等大多起源於此時。

春季祭社稷祈豐年的春社，秋後報答豐收的秋社，上巳曲水、寒食清明、端午懸艾競渡，到三伏與重九都是為了辟癘消災，七夕乞巧及祭灶辭歲都是民間活動，這些節慶已逐漸脫離節氣，是由先民從生活、環境、習俗與文化中體驗發展出來，意義深遠。

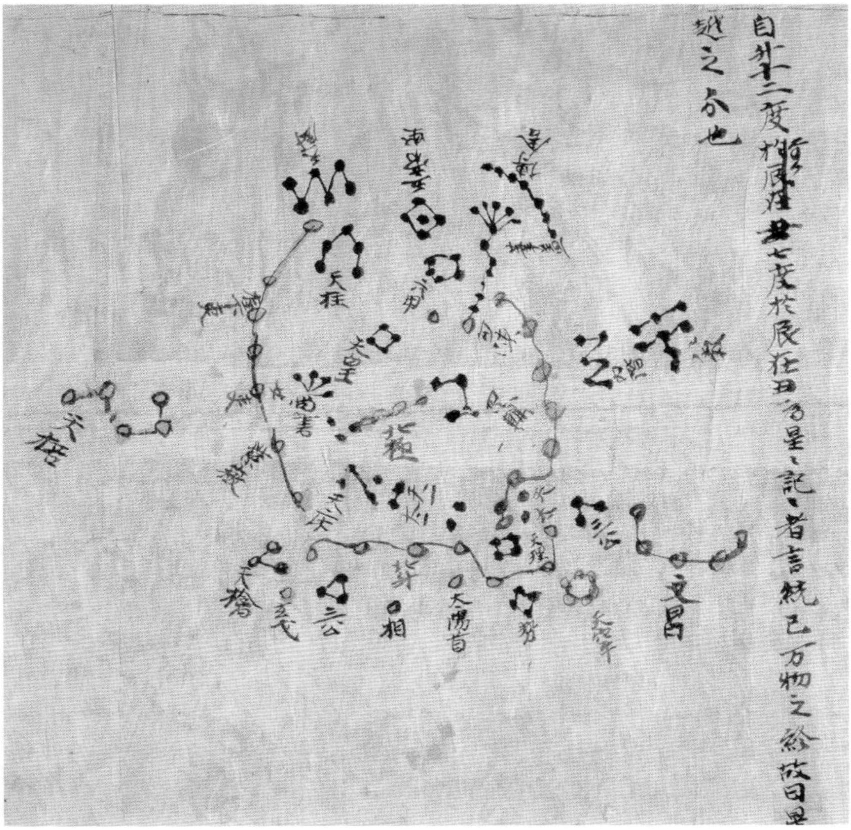

《荊楚歲時記》記載了一個特殊的節日——十月初一的「秦歲首」——為秦曆一年之始。秦亡後遺民仍過此節稱「黍曜」，要吃芝麻粥與赤豆飯；今天日本新春仍做赤豆飯，有時還會撒上芝麻鹽。是否真有秦之遺民，承襲了秦歲首？

唐朝的節日中，出現了四月八日釋迦牟尼的誕辰紀念日，直到今天四月初八浴佛仍是宗教界的大事。唐朝時為方便廣大群眾記憶，許多節日都改到容易記住的日子，除了正月初一及十五（上元）外，還有二月二（中和）、三月三（上巳）、四月八、五月五、七月七（七夕）、八月一、九月九等。最重要的唐節是寒食，禁火之日被抓到有生火者會被處死，清明時再由大明宮傳出新火，有薪火相傳儀典意味。

唐〈敦煌星圖〉繪製於約公元 700 年，是現存世界最古老的星圖。
全圖長 1.98 米、標註 1339 顆星的位置。
本圖為局部，描繪天頂北極星附近
白色為商巫咸、黑色為東周甘德、紅色為戰國石申星圖資訊。
現藏大英圖書館。

宋元明清　神誕及泛政治節日

佛教自東漢傳入中國，道教同時興盛，宗教的流傳對生活及文化產生極大的變化，神誕日成為重要的節慶，由宋朝時興盛，節日兼假日。漢朝時文武百官是五日一休，唐朝則旬休，宋朝時則選重要假日分別休假七天、三天及一般假日休一日。

受到佛教普渡思想的影響，中元普渡休三天是宋朝第一次出現民間神誕日；六月六日是崔府君生日，原為唐代地方官被民間祭祀為神。另六月二十四是神保觀二郎神生日，他是李冰的次子。這些神誕日不在政府的休假日內，卻是民間百戲雜陳、香火鼎盛的大日子。

宋朝的另一特色，跟神誕日一般對今天影響深遠的是出現了泛政治性的節日：從宋太祖起，每位皇帝的生日都命名為節日。趙匡胤生日是長春節、宋徽宗趙佶生於十月初十就是天寧節，這些皇誕日同樣也沒有休假，卻有祝壽賜宴等慶祝活動。

宋真宗一共創了五個節日，分別爲「天慶、先天、降聖、天貺、天祺」，宣稱的理由大都是有「天書」降臨大宋王朝，以及有神人現身等等。其中降聖與道教相關，為二月十五老子聖誕。天貺是六月六，真宗為得到天書恩典，還在山東泰安岱廟內建天貺殿，規格與皇宮近似。殿內有照妖鏡及真宗泰山封禪的巨幅彩色壁畫。

元朝郭守敬在西元一二七六年制訂的《授時曆》，是當時世界最精確及先進的曆法，為了做四海測驗，他到大都外的二十六個地點進行重要天文觀測，發現廣大區域存在時差問題。明朱元璋命劉伯溫制《大統曆》，仍用《授時曆》的數據，惟明代欽天監多不學無術，中國天文曆算自此停滯不前。萬曆十一年利瑪竇來到中國，帶來超越中國的西洋天文知識，然終其一朝均用《大統曆》未及修曆。

清初任湯若望為欽天監監正，刪改明代曆書作成西洋新法曆書，稱《時憲曆》。其原理和數據全部依照西方天文數據，乾隆七年時曾重修用至清亡。宋元明清節慶日演變成生活重點，天地節候的變化已經不太重要了，而人的因素則越來越重要。

泛政治性節慶的出現，無獨有偶是全世界一致性的風潮，如美國的國定假日有林肯、華盛頓生日、獨立紀念日等等。

中國人除了開國紀念日等泛政治性的節慶外，舊曆春節、端午、中秋等屬於民間節慶也一樣慶祝。至於其他的節日，因週休二日，許多農業社會的祭祀儀典也不適用於工業社會，相傳了四千餘年的節慶，也就式微了。

右：宋真宗岱廟封禪圖壁畫。
左：隆興寺宋彩塑觀音。
下：郭守敬在傳說周公測景的登封告成建觀星台，1276 年前，測得一個回歸年 365.2425 日，西洋到 1582 年格列高利曆方知此數據。

新正

新正或稱新春，正月初一「元旦」開始，到正月初五「隔開」結束。農業社會時新正有到十五上元為止，或整個正月都是假日。

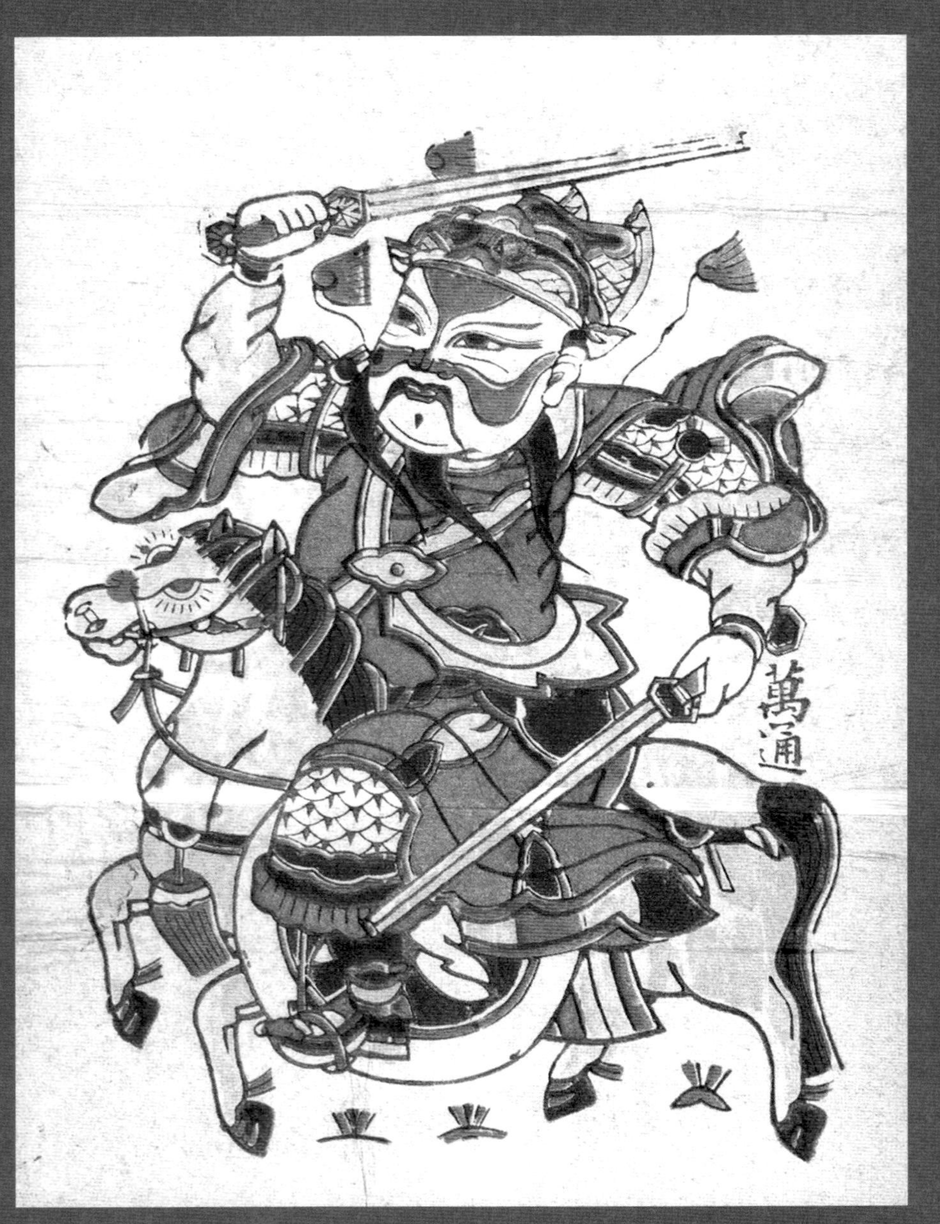

初一：元旦。元日。
初二：做客。回門。
初三：小年朝。老鼠嫁女兒。
初四：接神。
初五：隔開。迎財神。

初七：人日。
初八：順星。
初九：天公生。
十五：上元。

爆竹聲中一歲除、春風送暖入屠蘇

六朝《荊楚歲時記》記載山中傳說有所謂山獟鬼，人以竹著火中烞熚有聲，使山臊驚憚遠去。過去以竹子點火竹節爆裂發出巨聲，稱之為爆竹。火藥發明後聲音更響，煙火更大。宋朝時已經有加入煙火，夜間放煙火的年景是「火樹銀花」。

過去節慶爆竹是不可缺的，近年因噪音及煙火污染空氣而有限制，沒有幾聲爆竹，還真覺得不像過年。

上：清末民初的年畫。
左：日本迄今過年仍有飲屠蘇酒的習俗。

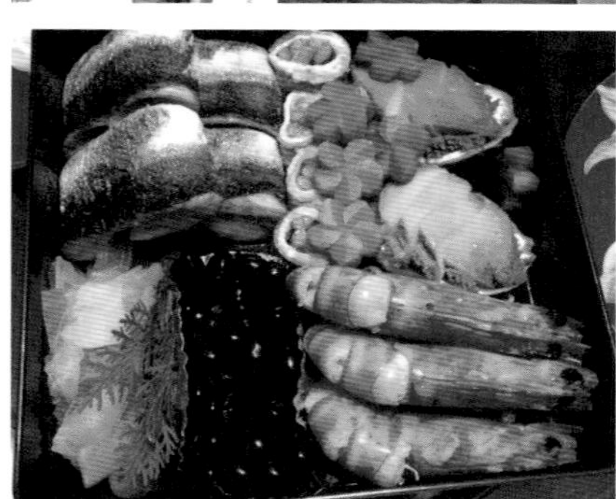

上：日本頂級年菜料理。
右：過年放爆竹是六朝古風。
左：中藥店配的屠蘇酒方。

《荊楚歲時記》記載元旦日：「進椒柏酒、飲桃湯、進屠蘇酒避邪。」漢代傳說草庵人每年除夕都在井中投入一布包的藥，到元旦時村人取井水，每人喝一杯，則一年瘟疫不入，這種泡過藥的井水就是屠蘇水酒。《本草綱目》載有製作屠蘇酒方子：「赤木桂心、防風、菝葜、蜀椒、桔梗、大黃、烏頭、赤小豆以角絳囊盛之，除夕夜懸井底元旦取出，置酒中煎煮沸，舉家東向從少至長次第飲之。」

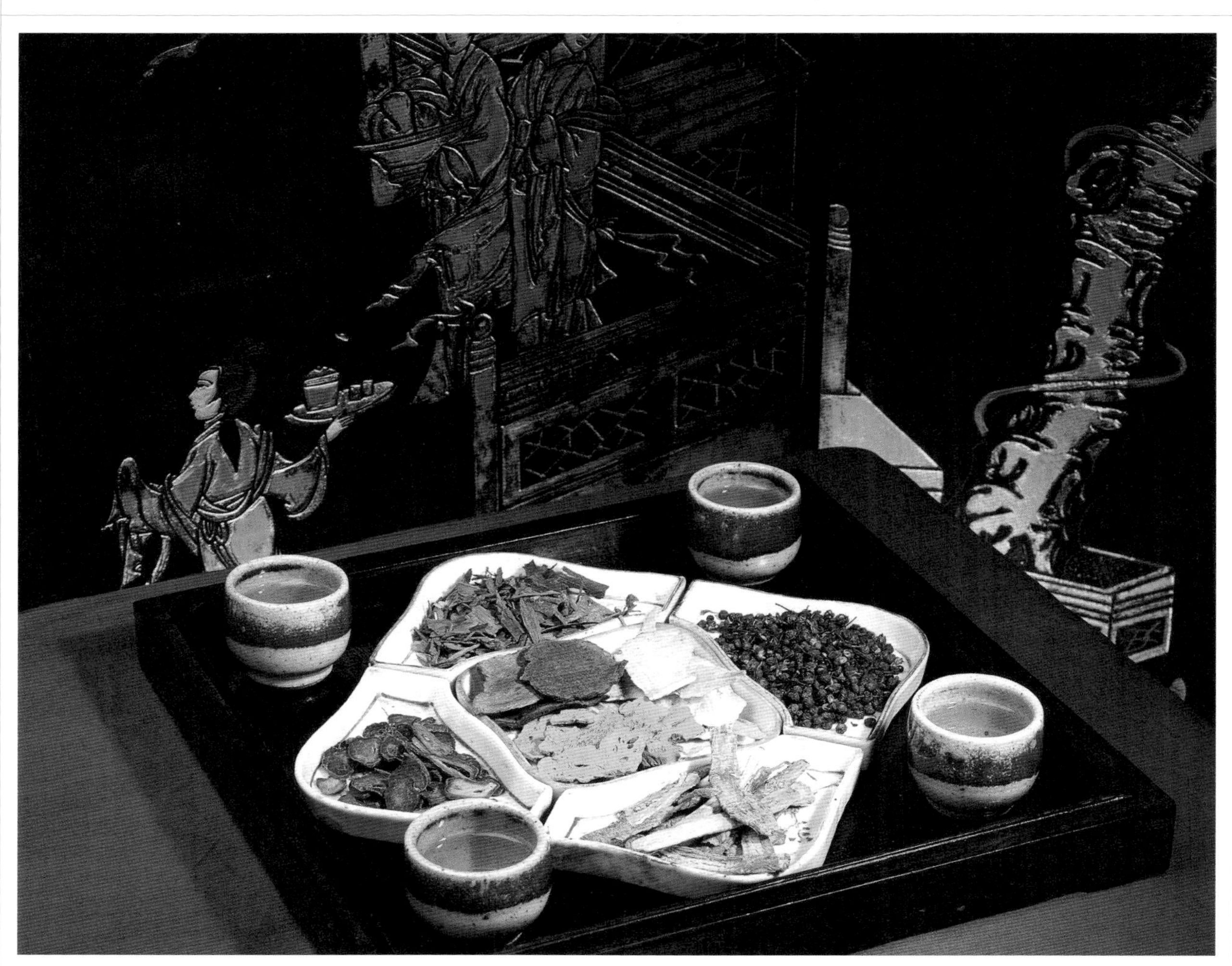

千門萬戶曈曈日、總把新桃換舊符

新正的吉祥物今日較普遍的包括：

年糕：取年年高陞的吉兆。

餃子：又稱餑餑。其形似元寶，吃了可以招財進寶。

發粿：以再來米粉蒸的粿。重點在「發」字，期望發達好運。

椪柑：橘音近「吉」，顏色金黃十分討喜。

花生：又叫長生果，與糖果、紅棗、瓜子等是過年不可缺乏的零食。

鯉魚：「魚」音同「餘」，過年吃魚是「吉慶有餘」或「年年有餘」的意思；鯉魚躍龍門，更是吉祥的象徵。

歲菜：取「碎」同「歲」的音，歲菜就是將十樣蔬菜，切成碎絲炒成一大盤。「十」是十全十美，「碎」是歲歲平安。歲菜的材料各地不同，但似如意的黃豆芽是絕對不能缺少的，冬天才有的時鮮薺菜與冬筍也是考究的歲菜必備。

春花：歲朝清供總是少不了春花，過去以水仙、梅、杏這些花為應景春花。

桃木在中國傳統習俗中，是重要的避邪物。傳說后羿是被桃木大杖打死，因此惡鬼怕桃

上：奚淞年年有魚剪紙。
左：門聯替代桃符。
左頁：早期門神是住桃樹下，會吃鬼的神荼與鬱壘。

木。另一個神話傳說是東海度朔山上，一株大桃樹下住了神荼與鬱壘二人，能食百鬼。《本草綱目》曰：「桃乃西方之木，五木之精仙木也，味辛氣惡，故能厭伏邪氣，制百鬼。」

春秋時即有記載楚人用桃木杷掃帚祛鬼。而後傳說包括桃木劍能斬妖，桃湯灑在屋門或飲桃湯能去邪。漢代還有插桃木印於門戶上的習俗，不過是選在夏至日，因為那時「陰氣萌作恐物不茂」。後演變為掛桃符，再簡化成為書寫春聯。

六朝的記載，在元旦日門上貼神荼與鬱壘兩人的畫像，再在其旁插上桃枝，可使百鬼畏之。也有人將門神畫在桃木板上，就稱之為桃符。唐朝以後，門神改畫唐太宗大將秦叔寶與尉遲敬德兩人者。

明太祖認為桃符祛災而春聯迎福，除了在宮殿大門題「日月光天德，山河壯帝居」，亦命群臣元旦日都要貼春聯，而成為今天仍非常流行的習俗。

元旦

正月初一

世界各民族均有慶祝一年開始的儀式，中國有很長一段時間都過歲首冬至，過年的習俗兩漢時才在民間慢慢形成。六朝時，正月初一早上雞鳴時全家起來，先燃放爆竹以辟山臊惡鬼，然後換上新衣相互拜年，並且喝椒柏酒、飲桃湯或屠蘇酒以為慶祝。

秦漢以前中國人是過立春、春分、立夏、夏至、立秋、秋分、立冬及冬至這八節。記錄周朝百姓歲時的《詩經》〈七月〉，最後以「朋酒斯饗，曰殺羔羊。躋彼公堂，稱彼兕觥，萬壽無疆」，述說人民忙過一年後歲末歡飲，但此時尚無過年的儀式。

「元」是開始，而「旦」為一日之始，原指天明日出時，「元旦」即是一年之始。周以後就改子正，以午夜為一日之始，元旦則改稱元日。

漢武帝改用夏正，元旦是正月初一；二千餘年後改用陽曆，陽曆的一月一日變成元旦；西元一九二九年政府始訂定陰曆正月初一為「春節」。

右：拜年時所奉甜茶及點心。
左：過年時水仙是歲朝清供。
下：南宋馬和之〈豳風圖〉卷首，描繪新歲歡慶。

鴟鴞周公救亂也成王未知周公
之志公乃為詩以遺王名之曰鴟

回門

正月初二

做客

中國北方在大年初二，以公雞及鯉魚祭拜財神，並且要吃形似元寶的餛飩，稱為「元寶湯」。財神是少數過去未列入國家祭祀的神明（關帝、媽祖、城隍都列入），但不減民間拜財神之熱情。

長江以南是在正月初五迎財神。閩南習俗初二這一天是出嫁女兒回娘家的日子，稱之為「做客」或是「回門」。如果是新婚，就必須要由先生陪著一起回門拜會親友。

台灣民間年諺「初一場、初二場」，從宋《東京夢華錄》看來千年都不變的一件事，就是初一與初二是大家都可賭錢試手氣的時分，也是大人做莊給小孩贏錢機會。

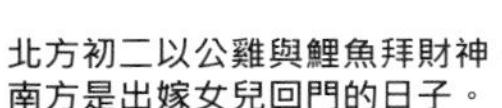

北方初二以公雞與鯉魚拜財神。
南方是出嫁女兒回門的日子。

小年朝

正月初三

老鼠嫁女兒

有些地方大年初三稱為「小年朝」，這一天不出門拜年，在家中祭祀天地神祇及祖先家神。也有認這天是出門不吉利的赤狗日。民俗傳說初三是老鼠嫁女兒的日子，因此大家都要早早熄燈睡覺，讓老鼠沒有燈光，無法辦喜事，免得這一年又生下一大堆的鼠子鼠孫，造反為患。

不論赤狗日或老鼠嫁女兒，都表示經過除夕以來年節的歡慶，到了初三要收收心了，不要出門且早早休息，以免累壞了身體。

老鼠娶親的版畫各地不同，老鼠外也少不了貓。

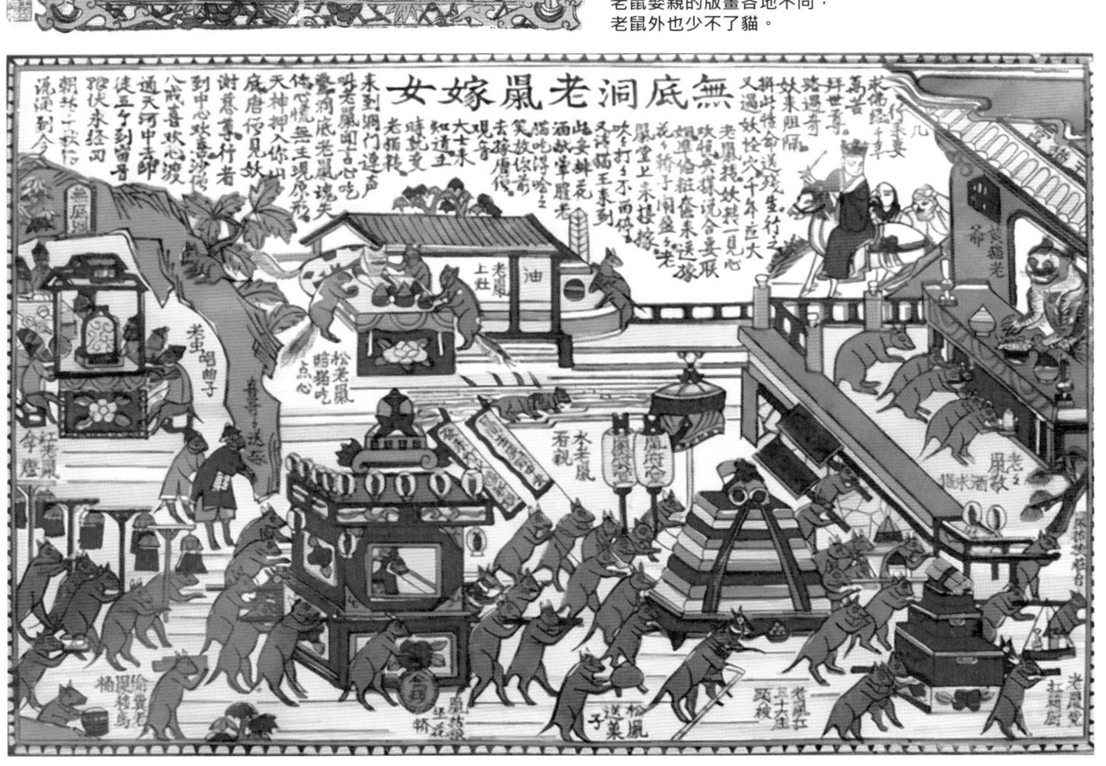

接神

正月初四

送神風接神雨

十二月二十四日送家宅中的神明昇天，向天庭敘述人間之善惡，並向玉皇大帝朝賀，到正月初四眾神下界，回到人間。

一般送神在黎明，俗諺「送神早，接神遲」，接神可在午時後。供品有豬雞魚三牲，及柑橘、蘋果、梨、香瓜等四果，還要加上酒及甜品如花生糖、紅棗、冬瓜糖等。

迎接天神下凡除了要燒金銀紙，唐宋以來還有燒甲馬及類似的神馬與天兵（如雲馬總馬）的習俗。此舉是派天兵神馬請神，並護駕眾神下界回來。

過年的節慶到初五告一段落，這天又稱「隔開」，有分隔的意思，也是撤供的日子，有客人來也不再招待「甜」食。自初五起恢復到過去正常的日子，新正到此結束。

新正期間不得掃地、倒垃圾，初五這天即可把積了幾天的垃圾倒掉。許多在年前休市的店鋪商號，也開始在初五以後選擇一個黃道吉日開張。

江南「五路財源五日求」以正月初五為五路財神生日，一大早燃爆竹及擺供接財神。人人想發橫財，使拜財神者越來越多。

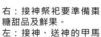

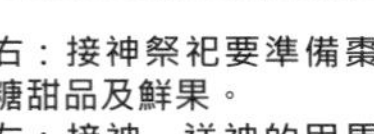
右：接神祭祀要準備棗糖甜品及鮮果。
左：接神、送神的甲馬與雲馬。
左頁：正月初五接財神同時，也是多數商家開張之時。

隔開

正月初五

接財神

人日

正月初七

七草粥

正月初七稱為人日。如同《舊約聖經・創世紀》一般，根據道家傳說也有老天爺創造生物之順序：初一雞、初二狗、初三豬、初四羊、初五牛、初六馬、初七人、初八穀。

這時春草已發，將春草的嫩芽採回來吃，傳說可以袪病強身。《夏小正》正月篇有多種野菜可供採食，是七草雛形。

漢以後初七選七種青蔬包括芹菜、薺菜、菠菜、青葱、茴香、香菫、大蒜等煮粥。

唐朝演變成五辛盤，選五種有辛辣味的生菜如葱、蒜、薤、芥、芫荽切細絲來吃，明清以後是各式各樣的潤餅、春捲。

日本七草粥迄今仍有儀典，其七草是芹、薺菜、五行、田豐子、佛手、須須禾、蕙巴。前一天晚上先把菜洗淨準備好，清晨六點開始煮七草粥，主持者一邊唱念一邊做。

人日在兩漢魏晉時盛行用彩紙或金箔紙剪成人形，貼在屏風上可保人口平安，也有人戴在髮間，既是裝飾也可祈福避邪。

日本正倉院所藏盛唐寶物「人勝」，即僅存可一窺人日物件。一是用雙絲絹帛剪成的小幡，另一為金箔刻的複雜的邊飾殘存，明治

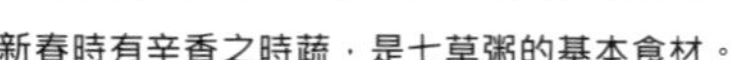

新春時有辛香之時蔬，是七草粥的基本食材。

年間將兩殘幡拼湊稱「人勝殘欠雜張」，上有「令節佳辰，福慶惟新，曼和萬載，壽保千春」文字，以此用典似更符合二〇一九年起的新年號「令和」。

令節佳辰
福慶惟新
燮和万載
壽保千春

正倉院寶物可一窺六朝人日風俗。

順星

正月初八

元辰 太歲

正月初八過去北京有拜星君「順星」的獨特風俗，相傳初八時眾星下凡，人們如能當日拜祭，可帶來好運。

順星有人是在自己家庭院中燃燈祭拜，也有到廟中祭拜。白雲觀有元辰殿，供六十甲子神像，可去拜自己生年甲子及值年太歲。西北角有星神殿，供奉二十八宿及七星，又稱順星殿。除燃燈祭本命星君來祓除不祥，可在此點燈順星，燈很小但點的燈數很多，有四十九盞、八十一盞或一百零八盞。

不論東、西方皆相信，某個人的命運與天上某些星宿有關，畢竟我們都源自星塵。

右頁
上：白雲觀順星之元辰殿。
下：辛丑年的值年太歲。
左頁
上右：台南祀典武廟太歲殿供奉斗姆、值年太歲等眾神。
上左：台南玉皇宮太歲殿與順星燃燈意義相同的太歲燈。
下：台南祀典武廟太歲殿。

天公生

正月初九

道教中「天公」指天界最高的神——玉皇大帝，又稱元始天尊。天公是萬物的創造者，也是眾神之神，掌管人類出生、養成、賞罰等等大權。

正月初九為天公的生日，又稱「天誕」。天誕當日會設道場或設醮祀玉皇大帝，台灣稱「天公生」。

祭祀的時間由子夜開始到凌晨四點，前一夜通宵不眠等候這重要的一刻，一過午夜各地爆竹響起，開始拜天公。

天誕

右頁：台南開基玉皇宮為台灣最古老天宮廟。
左上為台南天壇及南明寧靖王朱術桂的一字匾。
其餘為台南舊來發餅店製作拜天公祭品模型，麵塔與糖塔為實品。

家中的天公祭祀要在正廳舉行，除神誕日皆必備的紫紅紙的麵線塔，天公生還要用上閹雞、五果、六齋，十分隆重。燒的金箔紙也比一般金紙大一倍以上，稱大壽金紙。供桌也有上桌及下桌的區分，上桌供的是玉皇大帝用的供品，下桌則供其臣僚所用。拜天公由長者開始上香，如果家中有十六歲以下男孩，還要燒以紙做成的燈座，有時會用燈座版印畫代替，或僅焚印有「叩答恩光」的金紙，感謝天公賜生男孩。

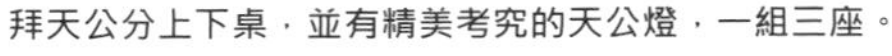
拜天公分上下桌，並有精美考究的天公燈，一組三座。

上元

正月十五

元宵。金吾不禁。燈謎

上元時年節已近尾聲，燈節是最後的盛景。上元起自唐朝，觀念來自道教，正月十五祀天官為上元、七月十五祀地官為中元、十月十五祀水官稱下元，合稱三官大帝。

上元在太平盛世紮花燈以為慶祝，漢朝起就有正月十五夜不宵禁的傳統，宵禁由劉秀所羨「仕宦當作執金吾」的執金吾主管，上元可通宵歡樂，而有「元宵」之稱。

唐以後花燈種類繁多、千變萬化，深入民間。宋《東京夢華錄》記載了汴京城內百戲雜陳「花市燈如畫」。宋代花燈有如玻璃球者，也有用五色蠟紙、菩提葉、羊皮、玳瑁等製作，華麗精巧可謂空前。

唐代燈市三夜、宋代五夜，明增為十夜，傳統花燈以竹、木、籐或麥桿為燈架，糊裱紙絹或其他布料，造型生動，有狗、魚、蝦或各式各樣的人物。一般十三為上燈、十四為試燈、十五為正燈，到了正月十八落燈。

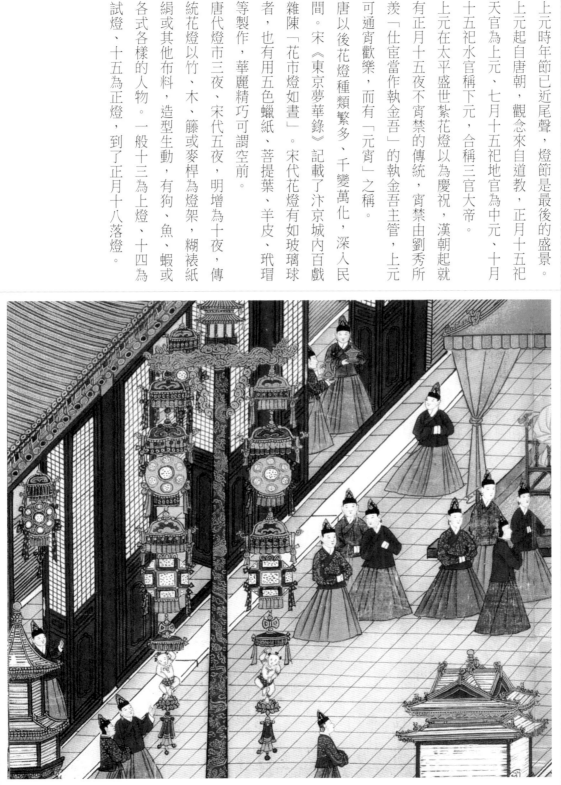

北京國家博物館所藏〈明憲宗元宵行樂圖〉局部。

除了花燈，燈節還有燈謎。自春秋時代就有以間接迂迴且掩飾的句子做成「隱語」，到漢魏始稱之為「謎」，南宋後才有人將謎語寫在燈上，在上元節讓人猜春燈謎。引用猜謎有所謂「射覆」，稱之為「射燈謎」。

《紅樓夢》中有射覆，全書實是一個近百年來大家都愛猜的大謎。書中亦明亦暗地用了許多謎語，包括迄今無人猜透的「一從二令三人木」。《紅樓夢》中最長的謎題是一首

〈明憲宗元宵行樂圖〉及現在燈會相輝映。

七言律詩，最短的僅一字：

朝罷誰攜兩袖煙，琴邊衾裡總無緣，
曉籌不用人雞報，五夜無煩侍女添。
焦首朝朝還暮暮，煎心日日復年年，
光陰荏苒須當惜，風雨陰晴任變遷。

謎底—更香

謎題—花

謎底—螢（腐草化為螢，花字由草化組成）

上元的時食是元宵，許多節慶都有吃湯圓來象徵團圓的吉兆，上元亦不例外。不同於湯圓是包了餡的，元宵則將餡揉好放在糯米粉中搖滾做成，適合用油炸來食。

吃元宵象徵圓滿，屬於「通過禮儀」中祈求願望的實現，許多節慶中都有此習俗。

上：元宵一般油炸食用，湯圓則水煮食用。
左：《紅樓夢》庚辰本有暫記寶釵謎面，其他本將此謎給了黛玉。

暫記宝釵製謎云
朝罷誰携兩袖烟　琴边衾裡揔無縁　曉籌不用人雞報
五夜無煩侍女添　焦首朝々还暮々　煎心日々復年々
光陰荏苒須当惜　風雨陰晴任变迁
此囬未成而芹逝矣嘆々　丁亥夏畸笏叟

春

春秋時期從「蠢」字演變而得「春」這個新字，原意指蟲的蠕動。到了春季不只有蟄伏的小蟲，萬物都蠢蠢欲動。

中國曆法春季始於立春，經雨水、驚蟄、春分、清明、穀雨到立夏的前一日止。與西曆以春分日為春季的開始不同，西方的四季以季候寒暖變化區分，中國傳統的四「時」是按農作物的「生長收藏」。

春的節氣都與農耕相關，也是開花的季節，七十二候中屬於春季的有「桃始華」與「桐始華」。日本也有「櫻始開」及「牡丹華」的春候，充分反映出植物的花芽，經過寒冬的蟄伏，也感應到萬物蠢蠢欲動的訊息，紛紛開出豔麗的花朵。

古人觀測北斗七星，以斗柄的指向定四季，戰國時楚書《鶡冠子》稱「斗柄東指，天下皆春」。日落後斗柄指正東春季開始，春的方位是東，五行象徵甲乙木，天干「甲」是孚甲為植物種子外表的甲殼，春季種子衝破孚甲發芽生長。「乙」字形似種子初發芽後彎曲鑽地而出，生機煥然的樣子。

夏小正

一月、二月、三月

正月。啟蟄。雁北鄉。

正月萬物復甦。昆蟲蠢蠢欲動。雁北飛回到生長的地方。

雉震呴。魚陟負冰。農緯厥耒。

野雉拍動翅翼鳴叫。魚兒游來游去如背負著漂浮在水面的碎冰。農人檢視、修束農具。

囿有見韭。時有俊風。寒日滌凍塗。

菜園中韭菜冒出新芽。雖仍天寒地凍有時會吹起暖暖的東風。地面的冰雪漸漸融化，大地變得潮溼而泥濘。

田鼠出。農率均田。獺祭魚。鷹則為鳩。

原來藏在洞穴中的田鼠，這時跑出來了。農人重整融雪後的田界。水獺抓了魚，一條條陳列在水岸邊，好像要先祭謝然後再食用。

這時還看不到老鷹，只有斑鳩飛出來。

農及雪澤。初服于公田。采芸。

田中的積雪融化，一片潤溼正適宜播種。農人們先耕公田，再種自己的田。這時有黃花菜可以採食。

鞠則見。初昏參中。斗柄縣在下。

日出前可以看到鞠星。太陽下山後參星在南天正中。北斗七星的斗柄星此時指向下。

柳稊。梅杏杝桃則華。緹縞。雞桴粥。

柳樹發芽。梅、杏及山桃樹開始開花。莎草呈現出青色。雞開始生蛋孵卵。

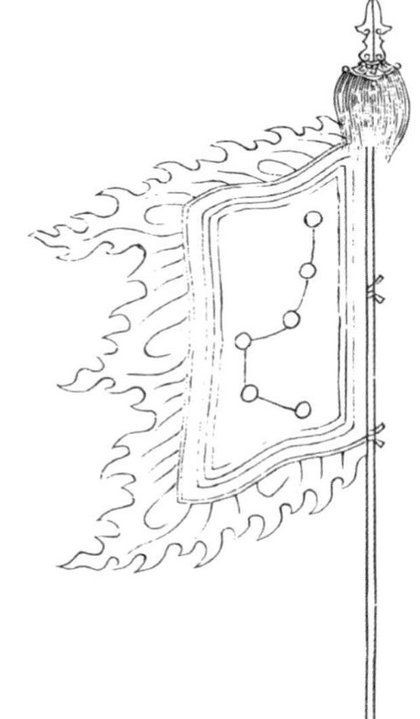

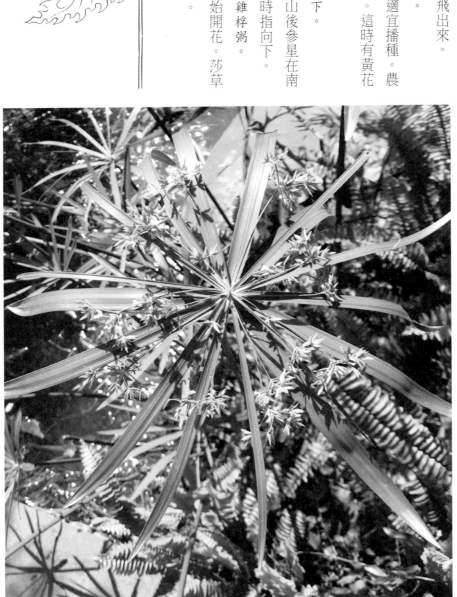

北斗七星的斗柄是《夏小正》觀時最重要的指標。
上：雁北鄉及獺祭魚．
右頁：春日花開景象．
左：莎草是水生植物。

二月。往耰黍禪。初俊羔。

二月的時候，到黍田裡開始碎土和覆種。並為祭祀準備肥美的羔羊。

綏多女士。丁亥萬用入學。

春日是男女婚配的良辰。丁亥吉日經過萬祭後，選出合格者可以入學習武。

祭鮪。榮菫。采蘩。

此時是黃河中鮪魚洄游的季節，可以用來祭祀，並有苦苣及茼蒿菜可採食。

昆蚩。抵蚳。玄鳥來降。

眾小蟲都蠢動，紛紛破卵而出。這時可取蟻卵做醬。燕子也飛來簷下築巢。

剝鱓。有鳴倉庚。榮芸。時有見稊。

剝下鱔魚的皮可以做鼓。黃鸝鳥開始鳴叫。芸香二月底會開黃花。草木的嫩葉發芽。

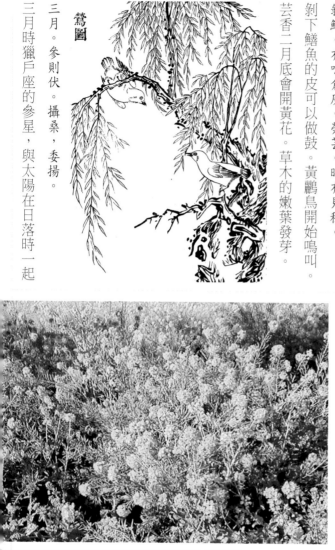

鶯圖

三月。參則伏。攝桑，委揚。

三月時獵戶座的參星，與太陽在日落時一起

沒入地平線。這時應該剪掉桑樹遠枝，讓葉子長得肥大。

蠶圖

螜則鳴。頒冰。采識。

天螻開始鳴叫。天子下令開冰窖將冬藏的冰拿出來祭雨神，希望不要下冰雹傷害農作。這時有苦菜可採。

妾子始蠶。執養宮事。

負責養蠶的女官，要完成這項重要的職責。

祈麥實。越有小旱。

天子祈禱五穀中最早熟的麥可以豐收。天漸轉熱後，會有乾旱出現。

田鼠化為鴽。拂桐芭。鳴鳩。

鴽是鵪鶉幼鳥，小時與田鼠毛色相近，田鼠不見時古人以為變成鴽鳥飛出來。白色的泡桐花在秋天花苞生成，經過冬天蟄伏終在晚春時怒放。斑鳩開始鳴叫。

上：獵戶座為最容易觀察到的星座，其主星即參。
最左是全天最亮的天狼星、最北亮星是排第八的南河三，兩星與排第九的參四成冬季大三角。
上列為蠶與黃鶯、右四圖為桐花、茼蒿、油菜花及麥田。

立春

立春為二十四節氣之首，立有見的意思，是漢時「八節」之一。節有段落的意思，一歲分二十四個段落。現在按太陽黃經區分春分點是零度，每十五度為一節，立春是太陽黃經三一五度的位置。

中國人認為陰陽主宰天地萬物，冬至雖是陰氣極致但陽氣開始萌生，立春時分陽氣讓萬物蠢蠢欲動，春字源自蠢，自為春時之始。

立春第一候「東風解凍」，東是春天的方位五行屬木，木能生火，是溫暖的風化解了大地冰封已久的寒凍，是萬物復甦的先聲。

立春第二候「蟄蟲始振」，蟄是密藏，蟄伏在土地中的眾小蟲都開始蠢蠢欲動。

立春第三候「魚陟負冰」，陟為上升，因水溫漸暖魚兒浮躍到水面游來游去，水中有尚

東風解凍。蟄蟲始振。魚陟負冰

左：日本神社的立春節分儀典。
下：東風解凍是立春第一候。
左頁：春日新綠景象。

未完全溶解的碎冰，如同被魚背負著一般。七十二候在國內雖式微，但傳到日本後，經配合他們的天候地理調整，目前仍廣為日本人所熟悉應用。日本的立春三候是「東風解凍。黃鶯睍睆。魚上冰」，「睍睆」指黃鶯啼叫的聲音渾圓美好。

迎春、春神、春牛

立春

迎春最早是天子立春日的祭祀活動，《呂氏春秋》記載立春前三日天子開始齋戒，到立春日親率三公九卿等到東郊迎春，持續到清代北京順天府官員仍至東直門外春場迎春，迎春現為民間配合春節的遊藝活動。

春神句芒（讀音勾芒）傳說是少昊的兒子，在太昊伏羲氏左右，掌管草木發芽生長，有「木正曰句芒，火正曰祝融」的說法，所以句芒是春神也是木神。

《山海經》上形容「東方句芒，鳥身人面乘兩龍」。不知何時演變成了牧牛之童，仍稱芒神，爾後與牛一同繪在春牛圖上。

左頁：春神句芒漢石刻畫像石．及《山海經》句芒圖。
下：《漢聲》〈大過牛年〉中句芒打春牛版畫。
右：早期春牛圖版畫。

春牛傳說始自漢，後演變為圖，是給不識字者瞭解黃曆的密碼。陽年芒神站在春牛的左邊、陰年則在右邊。芒神站在牛前或牛後，表示年前或年後立春，若立春與春節相差五日之內兩者並排，圖中籠頭顏色、繩索質材均因年之干支五行不同而異非常繁瑣。現雖無文盲，黃曆仍有春牛圖。

春盤、咬春

立春

立春日吃春餅的活動始自唐朝，稱春盤。最早由皇帝在立春前一日，以酒菜及白熟餅賜近臣，並在盤中飾以染色的蘿蔔。

春盤今已演變為立春吃餅的活動，稱咬春或是春餅。餅由兩張麵皮中間塗油炕熟，吃的時候再撕開捲菜吃。

唐代春盤是生菜烹豚，現在仍隱有唐風，生菜是羊角蔥、芫荽、銀芽、菠菜、韭黃、金針等時蔬，加上肉絲或粉絲炒熟。烹豚是燒肉，再加上醬肘、燻雞、粉腸、小肚等。

吃包餅的春盤屬傳統的語言咒術，「包」是好話而「餅」取其圓，不論迎春、做牙都有吃餅之儀式。

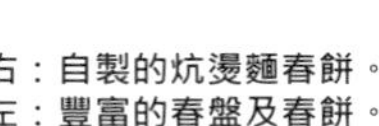

右：自製的炕燙麵春餅。
左：豐富的春盤及春餅。

雨水

立春之後太陽黃經三三〇度就是雨水。春天屬木，水生木，天地萬物都源自水，立春之後以雨水繼之。

雨水顧名思義是春寒多雨，雨水潤澤後的農田已經可以準備耕種了。二十四節氣是為農作而設立，「雨水」對農事是最重要的，這段時間的天候確實多雨水。

雨水第一候「獺祭魚」源自《夏小正》，水獺捕魚後陳水岸，似先祭後食。

雨水第二候「候雁北」，鴻與雁不同，大鳥是鴻，小的才是雁，雁以北方為居地，自南往北謂之「北」。雁鳥居住在比華北地區更北更遠的地方。古人認為雁鳥是順著陰陽之氣往來，陽氣動了雁就往北飛了。

獺祭魚。候雁北。草木萌動

雨水時分的細雨綿綿。

雨水第三候「草木萌動」，形容天地間植物已開始發芽，準備生長了，是因為「天氣下降、地氣上騰、天地和同」，正是陰陽交泰萬物生長的時機。

日本的雨水三候是「土脉潤起。霞始靆。草木萌動」。「脉」同「脈」，這時土脈潤溼與「農及雪澤」的意思一樣。「靆」指的是雲氣盛，雲盛則傍晚可見彩霞。

上為竹子湖原生田萌苗、下為海邊春日雲氣。

驚蟄

傳說盤古開天地後，他的呼吸變成風，聲音變成雷。秋冬之際雷藏身土中，春天農人挖地，雷破土而出轟然作響，即是春雷。

雨水之後，太陽黃經三四五度位置是驚蟄。驚蟄的春雷驚醒仍蟄伏的萬物。二十四節氣解上形容「氣積而奮、震而上達」，震就是雷，也有春雷震驚萬物的意思。

驚蟄第一候是「桃始華」。華是花的古字，植物花苞也與萬物一般，嚴冬蟄伏、春暖時綻開；梅杏開得早，桃花在驚蟄時分怒放。

驚蟄第二候是「倉庚鳴」。《夏小正》二月「有鳴倉庚」，倉庚同「鶬鶊」，指黃鸝鳥。黃鸝感春陽清（倉）新（庚）之氣，而在此時飛出來鳴叫，所以古時黃鸝又稱倉庚。

驚蟄第三候「鷹化為鳩」。「鳩」是斑鳩

桃始華。倉庚鳴。鷹化為鳩

右頁：古人以春為鳩、秋為鷹。
因驚蟄將破繭而出的蝴蝶。

左頁：春字源自蠢蠢欲動的昆蟲，
及春日怒放的桃花。

或有布穀的不同說法，形容二月時不見老鷹卻見鳩飛出來，以為鳩是老鷹變幻而成。七十二候中有許多這種變幻的文辭，是日本七十二候中沒有的。

日本驚蟄三候是「蟄蟲啟戶。桃始笑。菜蟲化蝶」。日本用「笑」形容開花，菜蟲化蝶是自然現象，缺乏鷹化為鳩的想像力。

土地公生

二月初二

二月二中和節始於唐德宗貞元五年，與正月天公生及三月三上巳合稱為三令節。中和節原在二月初一，過年的活動都已結束了，大家應該開始專心於這一年的農事。

二月二清代稱之為龍抬頭，這天所有飯食皆以龍為名，餅叫龍鱗、麵為龍鬚。龍是百蟲之王，祭龍除祈雨願望，也有引龍薰蟲，龍出而百蟲蟄伏、不害稼禾的意義。

二月二也是土地公生日。土地公的傳說非常早，有一說是帝堯的農官，教導人民農耕畜牧，人們因為感念他的恩德而祭祀之。也有人認為土地公是由社神演變而來，原是共工氏之子句龍。台灣拜土地公的特別多，田頭畦尾都有土地公祠，又稱福德正神，也是老百姓的守護神，保佑合境平安。

自二月二起每逢初二及十六都要拜祭宰牲演戲「做牙」，牙有迎迓的意思，二月二是頭牙，十二月十六是尾牙。頭牙吃潤餅，與春盤類似，只是餅用春捲皮，而包的菜式以高麗菜絲、筍絲、豆干、肉絲、煎蛋為主，再加花生粉及香菜等清爽可口。

做牙源自二月二的土地公生日，做牙也有吃潤餅的習俗。

春社

立春後第五戊日

春社是春天祭祀社稷的大祭。周朝春社、夏礿、秋嘗、冬烝及大蜡，是最重要的天子祭典。當時春社選「甲日」，漢以後五行觀念盛行，五行戊屬土，而改訂「立春後第五戊日為春社、立秋後第五戊日為秋社」並延用迄今，現在的黃曆上仍是這樣標示社日。

社是土地、稷是五穀，古代建國必須築社稷壇，社稷就變成國家社會的稱謂。

社是五土之神，能生萬物；天子以五色土祭社，以五色穀祭稷。北京紫禁城西側即為社稷壇，仍維持「東青、南朱、中央黃、西白、北黑」，代表天地之間所有方位。

天子將不同顏色的土分給諸侯，讓他們自己立社，而後「社」成為鄰里單元的代稱，有以二十五家為「社」，也有以六里為「社」的。每到社日，同社者聚集在大樹下，先祭祀然後分享酒肉。

社神逐漸演變為土地公後，大家也不知春社祈豐年、秋社報收成，更不知五色土的五行意義。只是民間集會結社越來越多，社的本質不得不跟著改變。

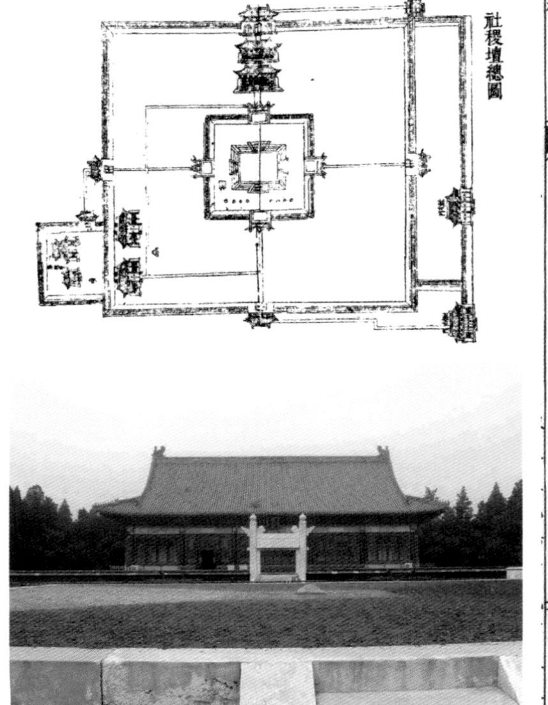

社是社神、稷指穀類，
古代國君祭社稷，祈求五穀豐收。
北京城中仍保留社稷壇，前置五色土。

花朝

二月十二

花朝是指百花生日，中國北方如洛陽是二月二日，南方以二月十二為百花生。唐宋兩代均以二月十五為花朝，八月十五為月夕。因二、八兩月是春、秋之中，十五日又是一月之半，所謂春序正中、百花爭放，小說《紅樓夢》中林黛玉的生日就是二月十二。

花朝是遠古時尚無的江南風俗，可能是從早期的「百穀生」，也就是開始種穀的日子演變而來，如《夏小正》二月「往耰黍禪」。

花朝也可能源自早期採集野菜或種植菜蔬的時節。

明清時江南已非常繁榮，開花時節也不只有春季，其他時節也有應時之花。明朝時程羽文認為百花花開的時節有涼燠之別，不可無曆，所以祕集〈月令〉、數白記紅，編了《百花曆》：

一月：蘭、瑞香、櫻花、迎春。
二月：桃、玉蘭、杏花、梨花、李花。
三月：薔薇、木筆、海棠、繡球。
四月：牡丹、芍藥、木香、杜鵑、荼蘼。
五月：榴花、萱草、錦葵。
六月：桐花、茉莉、凌霄、鳳仙、雞冠。
七月：紫薇、木槿、蓼花、菱花。
八月：槐花、桂花、丁香。
九月：芙蓉、秋蘭、山藥。
十月：蘆花、荻。
十一月：焦花。
十二月：臘梅、水仙、山茶。

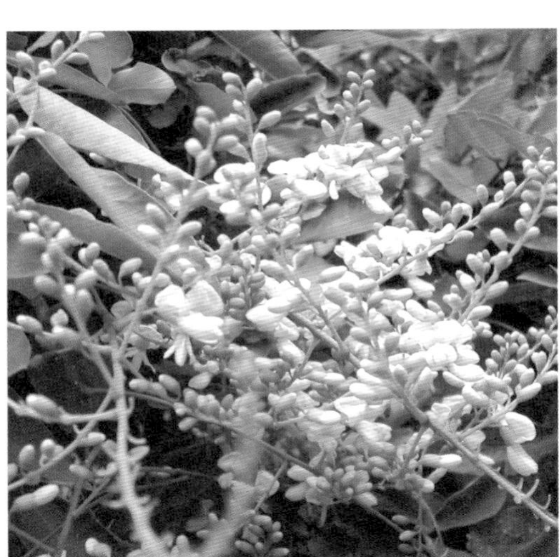

右頁上：二月十二傳說是花神生日。
較少見的花是左下的萩與芍藥。

春分

春分是最早的二分二至之一，在四季春秋還沒有命名前，〈堯典〉稱之為日中、《禮記・月令》稱為日夜分，都說明這天晝夜等分。「春分祭日」是最早的祭祀之一，朝日壇即為天子祭日所在。

驚蟄後太陽黃經零度的位置就是春分，西洋曆法春天由這天開始。一年之中僅春分與秋分日，太陽是由正東升起、正西落下。春分日後日落的方向漸往西北移，到夏至日達最西北點，再至秋分返回正西，而後逐日往西南移到冬至日達最西南，而後再往西，春分日回歸到最西點。這些位置亦關係到地球與太陽的距離及日照的長短與角度，是氣候變化的分界點。

元鳥至。雷乃發聲。始電

春分第一候為「元鳥至」。清朝避康熙諱不用玄鳥，玄鳥是燕，為春分來、秋分去的候鳥。《夏小正》二月「玄鳥來降」，是燕子在春分時飛到簷下築巢。

春分第二候「雷乃發聲」與第三候的「始電」相聯。古人並不知光速遠快於音速，雷電源起實是同時一體。至於春分時為何有雷電，古人認為是因為這天陰陽之氣各半，爾後陽氣漸盛，所以雷電大作，到秋分日後陰氣漸盛，雷電乃收聲。

日本的春分三候是「雀始巢。櫻始開。雷乃發聲」。雀始巢與元鳥至說的是一回事。日本的櫻花品種為吉野櫻，比台灣的緋寒櫻晚開，顏色也不一樣。

上：燕子分叉的尾巴十分明顯。
右頁：春分開啟竹子湖的海芋祭。
下：日本春分期間吉野櫻盛開。

寒食

冬至後
第一百零五日

寒食起源可能是周禮中的「仲春禁火」，也有以晉文公火燒綿山想逼介之推出仕，報其割股療飢之恩，卻使得他抱樹被燒死，因而下令每年此時禁火一月，稱之為寒食。介之推死在冬天，與寒食節並無關連。

寒食到唐代全盛，並選擇在此時掃墓，並規定禁火兩天，認為舉火則會有雨雹傷田，當時如果查到哪家爐中仍有餘火可論死罪。次日清明，大明宮中傳出新火賜近臣，家戶才能燃起新火。這樣莊重的傳火儀典，其意義遠大於紀念一位淡泊名利的古人。

寒食既然禁火，家戶只能吃冷粥乾餅，會拌上現代稱麥芽糖的餳漿。唐代雖已有用砂糖來做的點心，稱之為「果子」，但一般人吃的糖應該仍是麥芽糖。詩人李商隱也留下了「粥香餳白杏花天」詠寒食節景的詩句。

宋朝寒食是放七天假的大節，寒食前一日到清明都是出城遊玩及上墳的日子，此時四野如市，花前樹下都是郊遊飲酒的人潮。街市上則賣稠餳、乳酪為寒食之時食，也有人煮桃花粥，是熱鬧非凡的春天節慶。

寒食迄今式微，是一個被人遺忘的節日。

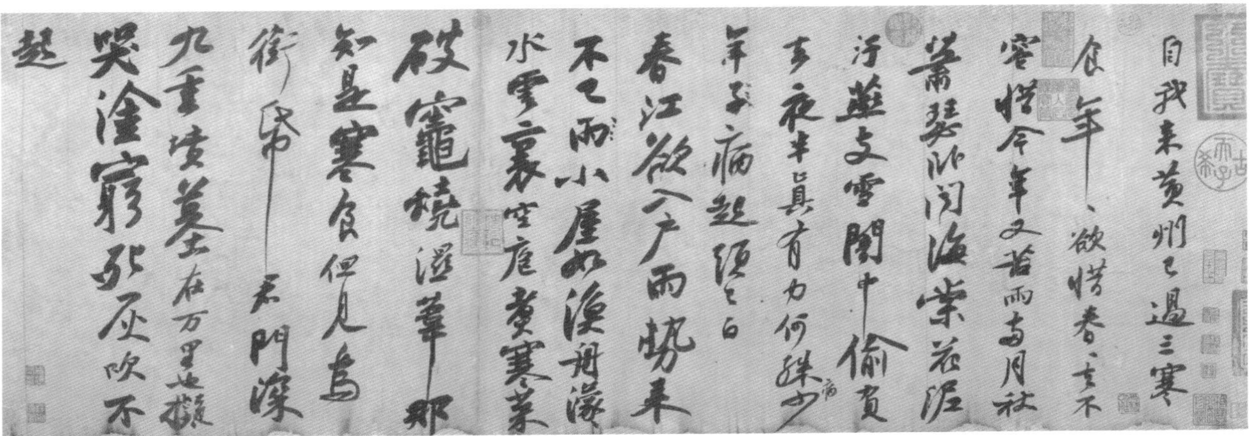

上：唐白瓷瓶與麥芽糖、奶酪、冷粥、冷餅。下：國立故宮博物院藏蘇東坡〈黃州寒食詩帖〉。
右頁：國立故宮博物院藏鄒一桂所繪〈杏花圖〉。

清明

清明雖是遲至戰國時期才訂定出來的節氣名稱，卻因為有「清明時節雨紛紛、路上行人欲斷魂」這樣文人墨客的詩句，及宋代「清明掃墓」的傳統，成為了現代人所熟悉的節氣。

太陽黃經十五度的位置時就是清明，到了這個時節，萬物皆氣清景明而得名清明。

桐始華。田鼠化為鴽。虹始見

上：國立故宮博物院藏最常見的清院本〈清明上河圖〉局部。
左列：清明草仔粿及其原料鼠麴草。

清明真正的由來應是「八風」之一，從殷商四方風演變為一年內約每四十五日吹不同風的八風，自冬至日算起，分別為「條風、明庶風、清明風、暴風、涼風、閶闔風，不周風、廣莫風」。清明風是東南風是暖風，同時也帶來相當多的雨水。

清明第一候是「桐始華」，桐是指黃河流域紫色成串的桐花，桐花在清明時滿山怒放，即《夏小正》三月的「拂桐芭」。

清明虹始見。圖中為巴黎塞納河上的彩虹。

台灣苗栗油桐花坊巨大的桐花樹。

第二候「田鼠化為鴽」也源自《夏小正》，喜「陰」的田鼠因為陽氣漸盛，到清明時已躲回洞穴不見了，換了喜「陽」的鴽鳥在天空飛翔，古人以為兩者互相幻化。

清明第三候是「虹始見」。現代人明白彩虹是太陽光受到空氣中水氣的折射、反射出來太陽光譜紅橙黃綠藍靛紫的原色。古人認為太陽屬陽火，而雨水是陰水，天上的彩虹是陽陰交爭的結果。彩虹有虹與霓，前者色豔而後者色淡；虹霓是以虹蜺命名，虹是雄性色紅，蜺是雌性色青。

日本的清明三候是「玄鳥至。鴻雁北。虹始見」。因為地理位置的不同玄鳥及鴻雁都晚了，虹始見是季風帶來雨季的影響，是一致的，較之驚蟄時日本沒有用鷹化為鳩，清明三候一樣是缺乏田鼠化為鴽的想像力。

台灣山間的油桐花·紅蕊為雄花、白蕊為雌花。

上巳、修禊

三月三

上巳是指陰曆三月的第一個巳日，遠溯至周朝，就有上巳的記載，是指在水邊所舉行招魂禳災的祭典儀式，也有稱之為「雩祀」。《論語・先進》曾點所說：「莫春者，春服既成，冠者五六人、童子六七人，浴乎沂，風乎舞雩，詠而歸。」這段最為孔子所認同的賞心樂事，正是形容暮春三月，到沂水邊祭天祈雨處遊玩詠歌，雖不全屬上巳的活動，周代已有三月到水邊遊聚之傳統。魏、晉以後，將上巳改在三月三舉行。

「曲水流觴」是上巳最浪漫的活動，「觴」是一種木製橢圓形有把的淺盤酒器，在水邊拿起自上游漂下盛酒的觴飲用，就是「曲水流觴」。歷史上最有名的一次曲水流觴盛會，是東晉永和九年在會稽蘭亭，由王羲之召集四十二位文學藝術家參加雅集。這次的聚會因王羲之醉後寫了一篇二十八行三百二十四字的〈蘭亭集序〉而名傳千古。一九七三年歲次癸丑，莊尚嚴先生在國立故宮博物院後的流水音舉行修禊雅集，正好是王羲之蘭亭修禊後，第二十七個癸丑年，留下珍貴記憶。下一次的癸丑為二〇三三年。

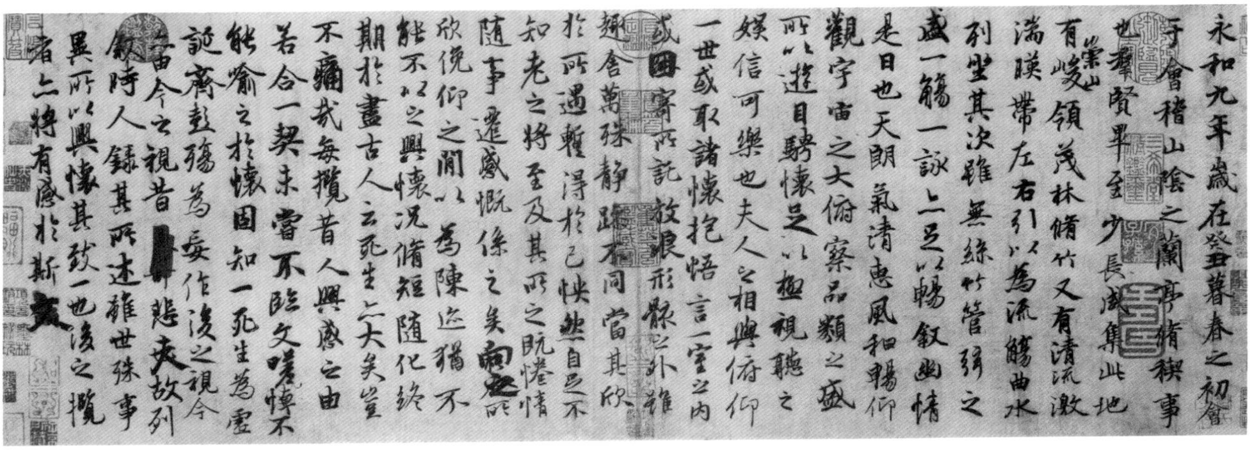

上：北京故宮博物院藏馮承素雙鉤本〈蘭亭集序〉。
中：自右會稽蘭亭現址、蘭亭碑、國立故宮博物院乾隆花園內曲水。
下：紐約大都會博物館明錢穀〈蘭亭修褉圖〉。

明前、雨前龍井

西湖龍井有以節氣來命名「明前龍井」，指清明前採摘極嫩細的春茶。穀雨前再採一次，稱「雨前龍井」，惟葉片不及「明前」細嫩。

龍井以產地西湖鄉龍井村名之，始於北宋時在廣福院附近開始種茶，明清已是十大名茶之一。龍井有獅、龍、梅三種品類，獅峰在

廣福院附近為極品，尚存乾隆御封的十八株名茶樹；梅產於梅家塢、雲棲一帶，其中雲棲竹徑雍正年間已列西湖十八景；龍則產於其他地區。

龍井茶要用大玻璃杯泡，茶葉色澤翠綠形如雀舌，扁形且細寬度條形整齊，看著茶葉一片片落下，也是一種意境。

天下名茶數龍井，龍井上品在獅峰，有十八株乾隆親封的御茶樹。
獅峰山區內有蘇東坡曾品茶的宋廣福院遺址。
獅峰龍井茶色是糙米色，香氣持久，滋味甘鮮醇厚。

穀雨

穀雨是「雨生百穀、春雨可貴」的意思。太陽黃經三十度的位置就是穀雨，旨在提醒農民時雨將降，不要誤了農事。《夏小正》記三月時偶爾會有幾天乾旱，田中作物此時生氣方盛，人人盼望穀雨時的時雨降落。

穀雨第一候「萍始生」。浮萍這種綠色的水草，以生長與水面平而得名。此時正逢盛陽，隨水漂流而生的浮萍屬陰性植物，卻能靜靜度過盛陽天，且大量地繁生。

穀雨第二候是「鳴鳩拂其羽」，在穀雨天時鳩不但鳴叫還拍動著翅翼直飛上天。鳩是布穀鳥，在春末啼叫著「布穀！布穀」，似在提醒農人不要忘了農事。

穀雨第三候是「戴任降于桑」，戴任又名戴勝，是一種有黃白斑紋的小鳥，頭頂上有如

萍始生。鳴鳩拂其羽。戴任降于桑

牡丹第一名品姚黃，傳說曾有千瓣。

冠的毛而得名。三月末時，戴勝鳥會棲停在桑樹上。

日本的穀雨三候是「葭始生。霜止出苗。牡丹華」。幾乎完全不同。葭是蘆葦的幼芽，所謂初生者葭、長大為蘆、成者為葦。此外生在乾地的叫萑，生在溼地的叫葦，葭既是葦的幼芽，也必是生長在溼地，這與萍始生的意義相仿。「霜止出苗」則是形容作物開始生長，日本的生長季節比中國華北略晚。「牡丹華」在中國二十四番花信風中，是列在穀雨花信風之下，為何這花中之王列入日本七十二候，因牡丹是唐代才開始在中國流行的花卉，日本正是自六朝開始到唐朝間大量吸收中國文化。

上：戴勝鳥即戴任。下：浮萍常見於池塘中。

牡丹華

穀雨

「牡丹」的名稱是從六朝以後才有，過去都稱為芍藥，但芍藥為草本，牡丹為木本，牡丹又稱木芍藥。

唐朝是牡丹開始盛行的時期，長安城栽植了大批牡丹。牡丹開花較遲，在二十四番花信風中，與荼蘼都是開到花事了。

傳說武則天看百花盛開，唯有牡丹獨遲，將牡丹貶到京城外，造就了洛陽代替長安成了牡丹之都。到宋朝時洛陽城北邙山下白司馬坡姚家，種了一花有千瓣的淺黃色牡丹稱「姚黃」，此花一年只有三、四朵，為牡丹花之王。另有肉紅色千瓣的魏紫，也一樣出名。歐陽修寫《洛陽牡丹記》時，很多名種牡丹就已只剩下名字而已。

歷代詠讚牡丹的詩篇無數，以唐李白、羅隱及宋徽宗等最有名。李白清平調三首，寫盡楊貴妃賞牡丹，名花傾國兩相歡的盛景。羅隱的牡丹詩，因曹雪芹在《紅樓夢》中引用比喻薛寶釵而出名，「若教解語應傾國，任是無情也動人」。

宋徽宗所寫的牡丹詩，以他獨特的瘦金體書寫，現存國立故宮博物院：「穠芳依翠萼，

左頁：國立故宮博物院所藏南唐徐熙〈玉堂富貴圖〉及宋徽宗牡丹詩卷。
右頁：均為洛陽王城公園牡丹名品。

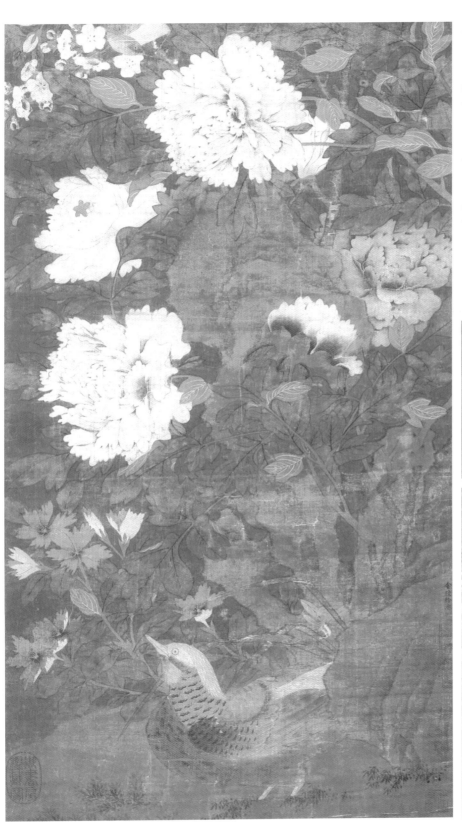

煥爛一庭中，零露霑如醉，殘霞照似融。丹青難下筆，造化獨留功，舞蝶迷香徑，翩翩逐晚風。」

宋張翊以九品九命升降次第，分天下七十一種名花，列一品九命最高貴的只有五種，分別是蘭、牡丹、睡香、荼蘼、葛梅，蘭是王者之香，牡丹花開富貴當之無愧。

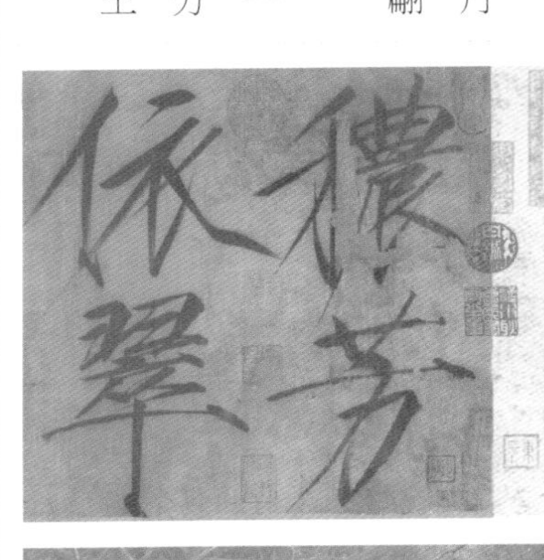

太陽生

三月十九

民間傳頌的〈太陽星君真經〉中的「天上無我無晝夜，地下無我少收成」，是把太陽當神佛來祭拜。以二月初一、三月十九及十一月十九這三天，慶祝太陽星君的生日。

太陽生是晚至明清才有的祝儀，祭祀的方法各地不同；有在清晨日出時就開始，向東方設生果焚香拜祭，並燃油燈終日不熄者。也有在正午時，才在太陽下設壇祭祀者。

太陽生時市面上會賣太陽糕，是一種麵粉做的夾糖糕，在糕上印雞形的戳記，或飾以寸餘的小雞。是古人認為太陽中有金雞，所謂金雞司辰，而相對於太陰中有玉兔搗桂。

台灣地區的太陽生相當特殊，選擇在三月十九舉行，這一天正好是明思宗崇禎殉死的日子。台灣民間也不用太陽糕祭拜，而以麵粉做成九隻豬及十六隻羊的麵果祭祀。如果是真羊十六隻及真豬九隻，則是傳統太牢大禮祭品，足徵當時人心思漢及想反清復明。目前民間的太陽生祭典也日漸沒落，僅台南市陰曆三月十九仍可偶爾看到正午擺設在太陽下的太陽生祭典，一樣用九豬十六羊為供奉。時代已改變，可以大大方方地祭祀明思宗時，人們也不認為他是一個好的君主。

上圖為寶來發餅店所製九豬十六羊。
上左：玉皇宮太陽星君誕辰的祭祀。
下：左右兩圖為台南水仙宮市場正午拜太陽星君。

夏原意為「大」，是萬物壯實長大的季節。中國曆法夏始自立夏日，經小滿、芒種、夏至、小暑、大暑到立秋的前一日止。夏是農作物「長」的季節，非全然以天候炎熱為依據。到了秋初仍有「秋老虎」及「末伏」的炎熱。夏季晝長夜短、日照豐富，再加上季風帶來「梅雨」，都促成植物快速生長。節氣如小滿、芒種都與農作密切相關，七十二候中夏季的王瓜生、螳螂生與半夏生，表示不論動植物都在夏季長大。

北斗星指南是夏，夏的方位是南，五行屬丙丁火；「丙」同「炳」，是萬物炳然可看到其成長；「丁」是丁實，表示萬物都丁壯。

夏的歲時節令，除了原有的四時祭典，其他因夏日炎炎，是瘴癘之氣來到的時候，像浴佛、端午、魘夏、火神祭等等，有辟瘟、防災及祈平安福祉的意義。

古代夏季是舉賢、勸農、制禮、作樂、君子慎行修德的季節。初夏時萬物生長，不准伐木及採草染布，到夏末已長成時，才能伐木染布。這些規定也充分反映出敬順天時的觀念，在「長」的季節裡，讓眾生炳然丁壯。

夏小正

四月、五月、六月

四月。昴則見。初昏南門正。

四月時，日出前可見到金牛座的昴星團。日落後，半人馬座的南門星在南天近地平線。

鳴札。囿有見杏。

一種叫螓夏的蟬這時開始鳴叫。正月開的杏花現在已結成了杏實。

上：杏樹已結杏實累累。
下：瓜藤在夏日生長迅速。

鳴蜮。王萯莠。取茶。莠幽。

蜮是一種似鱉的水中毒蟲，此時加入鳴叫的行列（一說是青蛙）。王菩的瓜藤葉蔓生。人們開始醃製苦苣。莠草的枝葉茂盛。

越有大旱。執陟攻駒。

四月裡時時會有乾旱天。這時開始選種馬、騸馬，並縶騭馬教牠駕車。

上：蜮音玉，會含沙射影的毒蟲。
下：夏天苦苣茂盛可醃製儲備。

五月。參則見。

五月時，日出前可見到獵戶座的參星。

浮游有殷。鴂則鳴。

夏日雨後會有朝生夕死的蜉蝣飛出來。伯勞鳥在夏至開始叫，而到冬至停止。

時有養日。

有一天白晝最長，就是爾後的夏至日。

乃瓜。夏蜩鳴。啟灌藍蓼。

這時有瓜可食，五彩蟬開始叫。並將叢生可以用來染布的藍草分株。

鳩為鷹。唐蜩鳴。

斑鳩不見老鷹開始飛出來。大蟬也叫了。

初昏大火中。

太陽一落下，就可看到大火星在南天正中。

種黍。煮梅。蓄蘭。

此時可開始種黍，梅實已成用鹽水煮過可食用收藏。採集各種有香味的藥草來沐浴，以

右上：夏日雨後蜉蝣飛出（原文浮游）。
右下：乃瓜是始食瓜也，舊注有用「乃衣」。
左上：梅、桃均已成熟，均需煮去澀味方可食。
左下：右圖為胡麻、左圖大青即染藍色的藍蓼。

蠲除毒氣，日後端午節的雛形。

菽麻。須馬。

用麻子榨油，並按一定規則將雌雄馬分欄。

六月。初昏斗柄正在上。

六月時，日落後北斗七星的柄向上。

煮桃。鷹始鷙。

桃樹已結實，收藏前先以鹽水煮過。老鷹開始學習如何攫搏。

立夏

立夏是夏季的第一天，為早期的八節之一。

立夏意為春去夏繼，見到夏季的意思。穀雨後，太陽黃經四十五度時就到立夏。太陽角度每移動十五度，因為地球繞日軌道是橢圓而所需時間不同，夏季兩節氣間隔比冬季長。此時北半球太陽直射而高溫炎熱。

中國人認為天地陰陽主宰萬物，有「天不發陰萬物不生，地不發陽萬物不成」的說法。立夏時亦為盛陽之時，是春天作物生「長」的良機。

陰陽之說認為陽極而陰生，盛陽之時並非表示全無陰氣，立夏第一候「螻蟈鳴」顯示夜出的螻蟈（青蛙），感應到微弱的陰氣鳴叫而應。螻蛄（或稱天螻）有毒刺，擅長掘地挖洞，生活在泥土中以農作物嫩莖為食。

螻蟈鳴。蚯蚓出。王瓜生

右頁：王瓜的花、果圖。
左上：螻蛄圖。
左下：京都青蓮院的夏景。

螻蛄圖

立夏第二候「蚯蚓出」，蚯蚓傳說中是陰曲而陽伸的動物，立夏盛陽蚯蚓出土。

立夏第三候「王瓜生」。王瓜是《夏小正》中的王萯，是一種只有華北才有的植物。王瓜立夏開始生長，蔓爬在田澤牆垣之上，五月時會開花，花下結果，生果青色熟果赤紅，不能吃是藥材，初夏時王瓜蔓藤正快速攀爬生長，充滿了生機。

日本的立夏三候是「鼃始鳴。蚯蚓出。竹筍生」。鼃為蛙的古字，竹筍與王瓜一樣在夏日生長迅速。

迎夏、嘗新

立夏

迎夏與迎春一樣是古老的活動。立夏前三日太史竭告天子某日立夏，天子先齋戒，到立夏日親率三公九卿大夫到南郊七里處迎夏。迎夏的儀式並不像迎春一般流傳下來，也沒有南向的城門以迎夏門命名。倒是漢代以來，南門均以象徵夏日盛德的朱雀名之。

夏天天氣變熱容易感染癘病，「魘夏」是一種古老活動，其過程沒有很明確的記載，有人認為應是端午節後才舉行。立夏日以竹筍、芥菜及鹹鴨蛋祭祀神明及祖先，然後煮而分食。這三種食物都有退火去痧功能，適合在夏天食用。魘夏也有飲藥茶、涼茶，或吃一些退火的食物如綠豆湯或仙草的習慣。

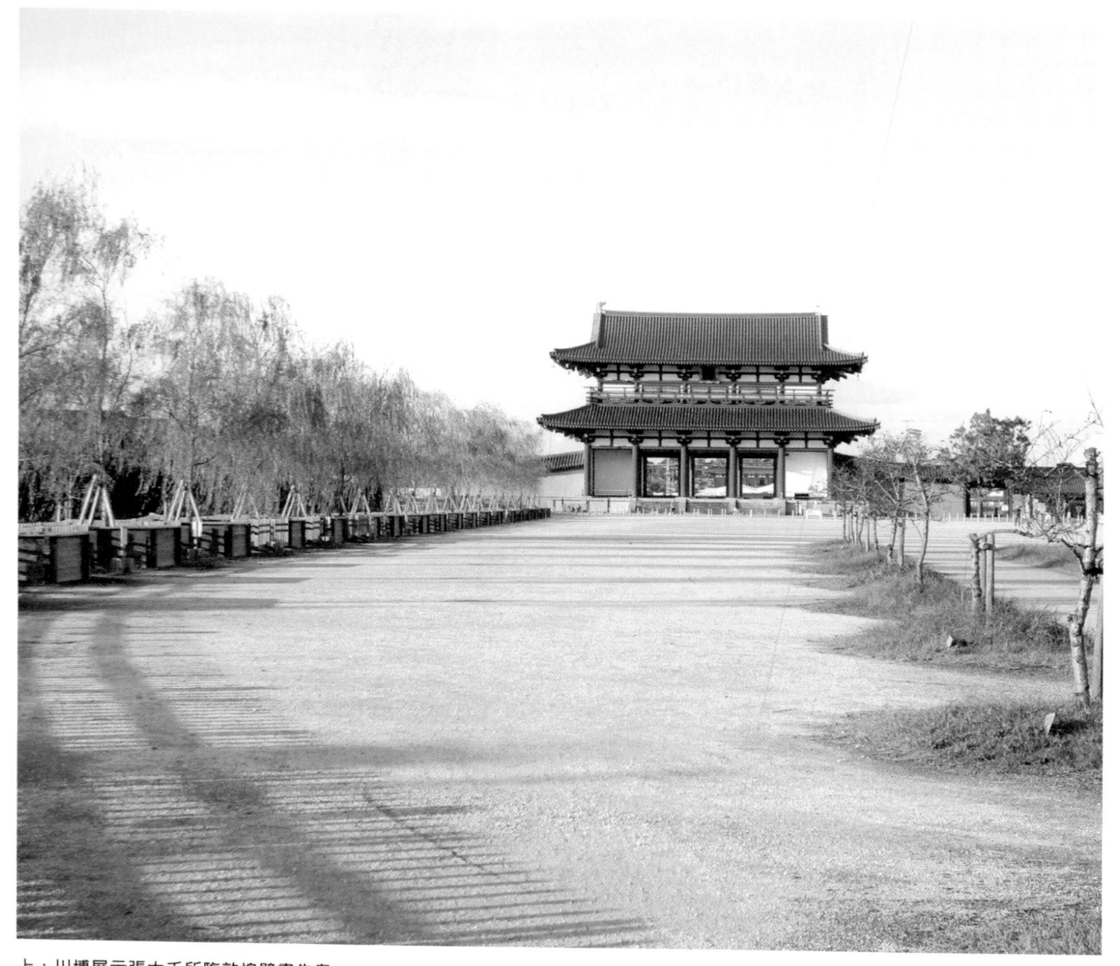

上：川博展示張大千所臨敦煌壁畫朱鳥。
下：奈良平城京重建的朱雀門與朱雀大道。

嘗新按《呂氏春秋》是天子仲夏的活動，後流傳到民間。江南氣候溫暖，許多春天播種的作物早熟者到立夏已可收成，於是立夏日大家歡聚一起，一面品嘗夏日時食，一面迎接夏天來臨。

最早嘗新是青梅、稷麥與櫻桃，又稱「嘗三新」。嘗新前必祭祖先及諸神。

物產豐富的蘇杭地區，嘗新時食更豐美，江中的鮮魚，田裡新摘的蠶豆、莧菜，還有燒鵝、鹹鴨蛋……應有盡有。

「七家粥」與「七家茶」也算是立夏嘗新的另一種形式，七家粥是匯集了左鄰右舍各家的米，再加上各色豆子及黃糖，煮成一大鍋粥，由大家來分食。七家茶則是各家帶了自己新烘焙好的茶葉，混合後烹煮或泡成一大壺茶，再由大家歡聚一堂共飲。

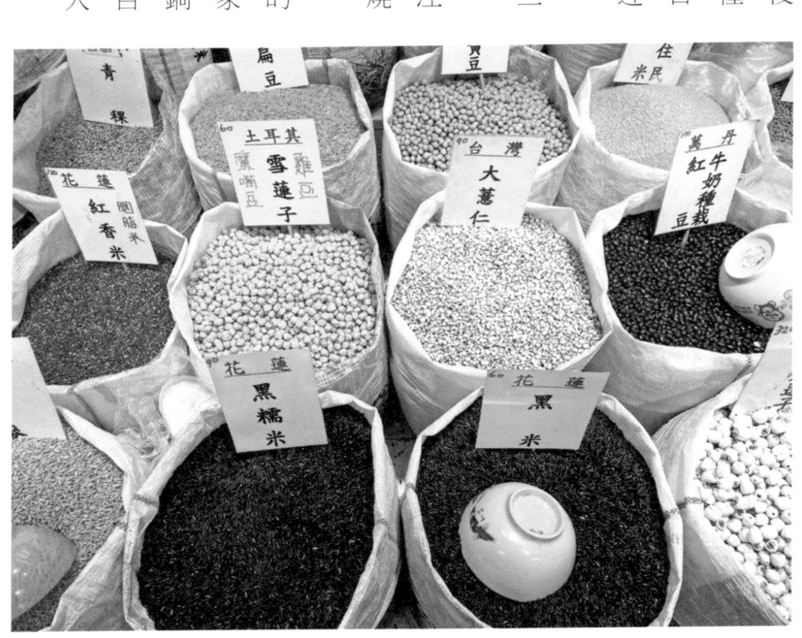

上：煮七家粥的各色米、豆。
左：立夏嘗三新的時鮮，有筍、青梅及櫻桃。

浴佛節

四月初八

佛教自東漢傳入中國後，至魏晉南北朝時已非常盛行，杜牧以「南朝四百八十寺」形容當時寺廟眾多。唐太宗時，玄奘大師赴印度取回重要佛經，將其中多部翻譯成中文。

釋迦牟尼及觀世音菩薩是最深入中國民間的神佛，有許多相關節慶，如佛祖二月初八出家日、二月十五涅槃昇天日、四月初八佛誕日，以及十二月初八的得道日，都有重要的法會儀典。

釋迦牟尼原是迦毗羅衞國的悉達多太子，傳說他誕生時大地震動、天女散花，四天王以十二種香湯名花灌沐其金身，九龍亦從上而下吐水，一溫一涼為佛沐浴。

佛教界在此日以五色香水浴佛，源自重現佛陀降生時場景，藉著外沐佛身而內淨自心，

本頁及左上二圖，均為台中菩薩寺莊嚴簡樸的浴佛儀式。

如浴佛偈：「我今灌沐諸如來，淨智莊嚴功德聚；五濁眾生令離垢，同證如來淨法身。」這樣的習俗南北朝時就有，一直流傳到今天，稱浴佛節或灌佛節。

宋明清時除了浴佛之禮，一般人平日拈豆念佛，將念過佛豆收好，到浴佛節煮豆齋供僧，稱「結緣」。觀音誕則在元朝後成為重要節慶，有隆重的禮祝儀式。明清後神誕日逐漸演變為民間節慶的重心，浴佛節仍歷久不衰。

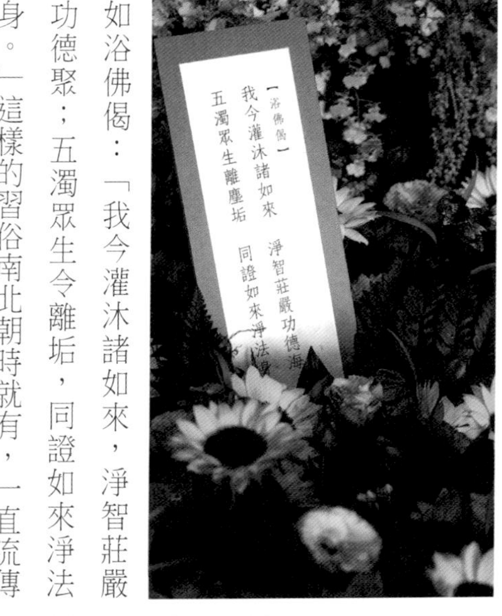

【浴佛偈】
我今灌沐諸如來
五濁眾生離塵垢
淨智莊嚴功德海
同證如來淨法

上：國立故宮博物院所藏明吳彬〈浴佛圖〉。

小滿

苦菜秀。靡草死。麥秋至

小滿二十四節氣解「四月乾卦，謂之滿者言陽氣已滿」。天地之間盛極必衰，滿極就是損的開始，盛極之前的小滿是最好的一刻。立夏後當太陽黃經六十度位置時是小滿。中國北方種麥，小滿指此時麥粒雖未完全成熟但已粒粒盈滿。南方種稻，小滿則指水田中的水已滿盈。

小滿第一候「苦菜秀」，苦菜是野菜，又稱苦苣。《夏小正》四月「取荼」是此時苦菜枝葉繁茂，可以採食。

小滿除苦菜秀外第二候「靡草死」，靡草泛指一些枝葉細軟的草如薺菜，在陰冷潮溼季節生長，受不了夏陽的火氣而枯萎。因陽氣旺盛，各種藥草不同於靡草，都長得十分茁壯，這時也正是「聚蓄百藥」的時候。

小滿第三候「麥秋至」，原已盈滿未熟的麥粒，經過十天到第三候時終於成熟。秋字由禾與火組合，原本是禾穀成熟的意思，百穀都是在秋季成熟收成，只有麥子在初夏，此時是小麥的秋天，而有「麥秋至」的節候。日本的小滿三候是「蠶起食桑。紅花榮。麥秋至」。中國蠶事在陰曆三月已畢，因為地理位置的不同，日本小滿才蠶起食桑。「紅花榮」與「靡草死」正好相對，紅花是貴重染料喜陽而盛開，「麥秋至」則兩國相同。

小滿時分不論是小米、水稻或小麥均已結實將熟。
冬日的靡草不見，藥草茂盛。

芒種

小滿後太陽黃經七十五度位置是芒種。芒種正確的讀音為「亡種」，在此時開始種有芒的作物，《夏小正》五月有「種黍」之句可能指芒種，一說是此時麥已出芒。

芒種第一候「螳螂生」。螳螂是大家所熟悉的昆蟲，在深秋產卵，一殼百子，到芒種時破殼而出。古人觀察螳螂，認為牠餐風飲露，應是感應到此時陰氣快要開始而出生。芒種第二候是「鵙始鳴」，即《夏小正》五月「鵙則鳴」。鵙就是伯勞鳥，因叫聲「鵙鵙」而得名；現在每年白露前後，大批紅尾伯勞飛到恆春過境，而後再飛往菲律賓或關島過冬。

螳螂生。鵙始鳴。反舌無聲

鵙圖

芒種第三候的「反舌無聲」，其意與鵙鳴正好相反。能學習其他鳥鳴叫的反舌鳥，感應到五月陰氣微生而不叫了。日本的芒種三候是「螳螂生。腐草為螢。梅子黃」。其中「腐草為螢」在中國是大暑第一候，是地理位置的不同，而梅子黃則充分反映出「五月黃梅天」。

左上：螳螂在芒種時分破殼而出。
下列：自右至左為出芒成熟的小麥、伯勞、反舌鳥及黃熟的梅子。

煮梅、頒冰

芒種

《夏小正》五月有「煮梅」之句。正月開花的梅樹，到五月時已結成梅子。梅子酸澀很難直接入口，必須要加工後才能食用，這加工過程就是煮梅。雖不知夏朝如何煮梅，八九不離十是用鹽水煮過。

日本的煮梅方法，是用糖與梅共煮，把酸苦澀味都煮掉，帶出梅子的甜味。台灣民間在青梅收成時，煮梅的方式各有不同，有先將青梅晒乾，再用鹽拌勻，使浸出梅汁者；也有加糖醃製到泡出梅汁，考究的還加上紫蘇，也有直接加冰糖及燒酒浸泡。

據說配方出自清宮御茶坊的酸梅湯，是乾隆皇帝經常飲用的飲品。製法是將烏梅、甘草、仙楂和冰糖一起熬煮，再加上桂花滷冰鎮後完成。

右頁：青梅結子、成熟採摘到煮梅加工方可食用。
左上：傳統的夏季冰品有粉圓、米苔目等。
左下：乾隆最愛的酸梅湯，還御賜給重臣享用。

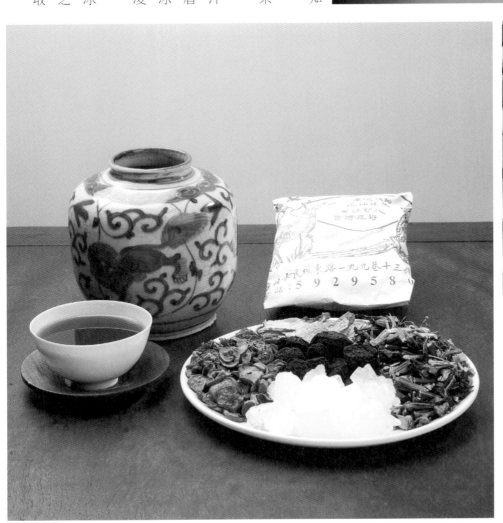

冰是夏天最重要的消暑品，中國人很早就知道冬天藏冰，然後到夏天取用。《夏小正》三月有「頒冰」之句，當時「冰」還用來祭祀，使三月時不下冰雹，傷害農作物。《詩經・七月》篇中也有「二之日鑿冰沖沖。三之日納於凌陰」。二之日為現在陰曆的十二月，意思是此時鑿冰，一月時已將冰儲放在凌陰之中。後世將掌管藏冰的官稱凌官，而帝王藏冰之處為凌陰里。

明清有錢人自設冰窖藏冰，亦開始有販賣冰塊的商人。在夏天仍可用電氣設備製冰之前，中國人都是吃天然冰塊。當時「冰」取存不易，當然也非常昂貴。

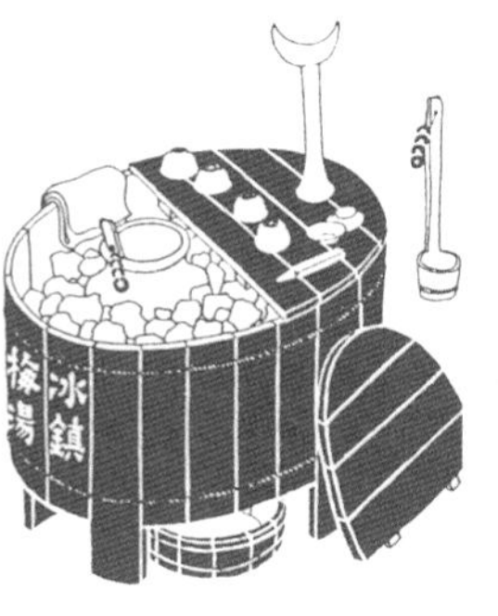

梅雨

芒種後逢「壬」日入梅

當太陽黃經的位置到八十度時，長江流域會有低氣壓形成，並帶來陰雨連綿的氣候，這就是梅雨季節。

長江以南包括日本及台灣，都受到影響，在梅子黃熟的時節，出現綿綿陰雨的天氣。多雨潮溼也使衣物房屋生霉，一般人稱這段時間為霉雨季，也有人用較典雅的名詞，借梅子同時黃熟而用梅雨。

梅雨季溼度極高，也是紫陽花開的時節。

梅雨季約持續三十天，梅雨量的多寡決定了這一年禾穀是否豐收，因此梅雨分外地受到百姓重視。進梅雨季的日子叫「入梅」，結束梅雨季是「出梅」，日期因地而不同。長江流域入梅時間約在陽曆的六月十二日，一個月後到七月十一日出梅。

黃曆的迷信曆注認為雨屬水，而天干「壬」是天河之水，而有以芒種後逢「壬」日入梅的說法，到夏至後逢「庚」日出梅。

端午

五月初五

陰曆五月五是端午，今天與春節、中秋仍為民間最重要的三個節慶。端午的起源可能是《夏小正》的「蓄蘭」。在炎夏日沐浴蘭湯來辟疫去瘟，歷史悠久。

「端」有「初」的意思，陰曆五月地支紀月是午月。也稱重五或端陽，宋代稱為「天中節」，端午已接近夏至日，民間都認為過了端午才是夏天真正開始，而炎夏是時疫流行之時，五月也別稱惡月、毒月。端午節的起源也與辟邪驅瘟的習俗有關。

五月為毒月，初五更是九毒日之首，這天家家戶戶都在門首懸掛艾草與菖蒲。其原由可能是菖蒲又稱水劍，取其形有脊如劍，可驅魔斬妖。艾草是菊科的植物，在針灸上被廣

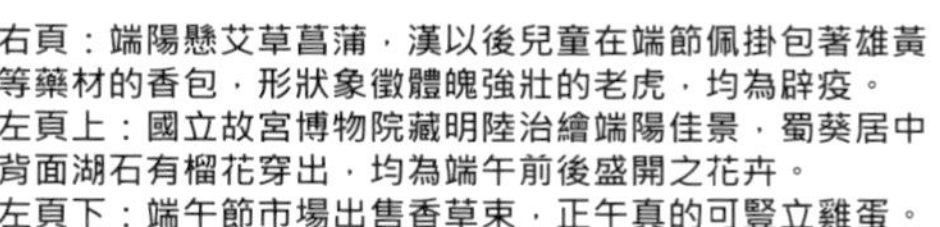

右頁：端陽懸艾草菖蒲，漢以後兒童在端節佩掛包著雄黃等藥材的香包，形狀象徵體魄強壯的老虎，均為辟疫。
左頁上：國立故宮博物院藏明陸治繪端陽佳景，蜀葵居中，背面湖石有榴花穿出，均為端午前後盛開之花卉。
左頁下：端午節市場出售香草束，正午真的可豎立雞蛋。

泛地使用，且所有菊科植物的氣味，本來就有驅蟲的功效。

《楚辭》有「浴蘭湯兮沐芳華」之句，自遠古以來就有沐浴蘭湯的習俗。五月「蓄蘭」與小滿後民間蓄聚百藥，都是相互關連的。人們在端午的午時或傍晚，取艾、柳、桃、蒲等揉碎後浸在水中用來沐浴，傳說這樣可保一年不被疫氣所侵。現在端午節市場除了賣菖蒲與艾草，也兼售一種發出濃烈香氣、類似香茅草的野草，以水煮沸後可沐浴。

端午節吃粽子的原由，一說是為屈原投汨羅江後，當地人怕他被魚吃掉而投飯糰入江。而後屈原曾托夢說「若以著葉裹飯，繫以絲則蛟龍不敢相爭」。

粽子一直到宋朝都是簡單的以葉裹米，宋以後才有包餡的粽子。南方與北方所包的粽子不同。北方粽體積較小外，大多是冷食的甜粽。南方的粽子各式各樣，大到二斤的裹蒸粽外，也有小巧玲瓏的客家鹼粽。火腿、豬肉、蛋黃、蝦米、香菇、魷魚、花生……都可以包在粽子中。

近年來，因端節已接近各種入學考試試期，且「包粽」與「保中」同音，有學子的家庭圖其吉利而親自包粽。

相傳屈原投汨羅江後，楚人作舟去拯救，一直追到洞庭湖都找不到。這時有划船者看到有龍在江上飛騰，速度十分驚人。而後搜索船仿龍型，船頭是龍頭，船尾成龍尾，船體畫上龍鱗就成龍船。

北人善騎南人善舟。龍舟競渡與食粽一樣，原先都不是端午節才有的活動，夏至食稷的「稷」就是「粽」的古字，隋、唐時春天就會競渡，宋代也有上巳看龍舟表演的記載。競渡不只是祈福求雨，甚而是水戰演習可追溯到屈原之前。

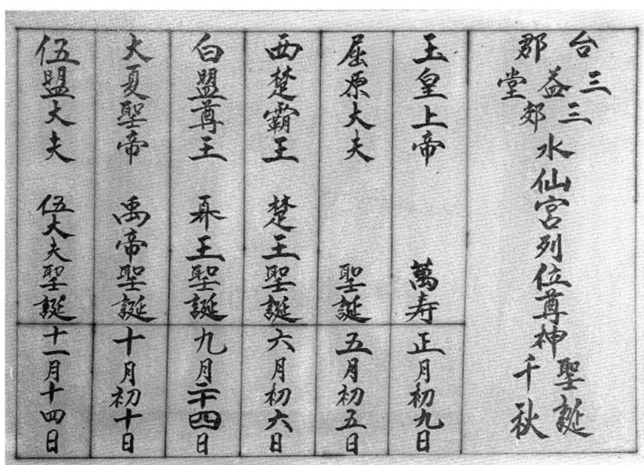

台郡三益堂三郊水仙宮列位尊神聖誕千秋

玉皇上帝	萬寿	正月初九日
屈原大夫	聖誕	五月初五日
西楚霸王	楚王聖誕	六月初六日
白盟尊王	寒王聖誕	九月十四日
大夏聖帝	禹帝聖誕	十月初十日
伍盟大夫	伍大夫聖誕	十一月十四日

上：台南水仙宮祀奉水仙尊王，包括一帝禹、二王寒澆及項羽、二大夫伍子胥及屈原。
右：端午節會祭拜屈原或是水仙尊王祈求庇佑。

上：龍舟競渡源自遠古的水戰操練，後演變為龍舟競渡。
右頁：端午最重要的是粽子，有各式不同的內餡、形狀。綠豆糕也是應節點心。

端午清晨先舞獅獻瑞放鞭炮祭龍舟，擲粽子以祈下水平安及旗開得勝。午時初刻龍舟入水，兩隊競渡由先奪旗者為勝。

端午節時藝術家們常會繪鍾馗像，民間戲曲有鍾馗嫁妹的故事，台灣地區的野台戲還有獨特的跳鍾馗。

名攝影家范毅舜攝端午時野台戲跳鍾馗。

鍾馗傳說唐高祖武德年間考中狀元，卻因為生得豹頭環眼、鐵面虬髯十分醜陋，而為皇帝所嫌取消他的功名，鍾馗一怒憤而在金階上撞柱自殺，到陰間被閻羅王封為「平鬼大元帥」。唐宋到明代，鍾馗一直是歲暮張貼的門神，清初不知在什麼陰錯陽差之下，鍾馗被請來過端午，大概跟端午節有許多驅邪辟瘴的活動有關吧。

端午節的時食還有綠豆糕及鹹鴨蛋，因為綠豆及鹹蛋都是涼性食物，有去痧消暑功能，與飲雄黃酒的原由是一樣的。

上：雄黃是橘紅色的礦物質，主要成分是三硫化二砷，與酒調成雄黃酒在端午飲用，透過白蛇傳的故事，較之沐浴蘭湯等更為一般大眾所熟知。
下：國立故宮博物院收藏《昇平樂事》圖冊的跳鍾馗。

夏至

鹿角解。蟬始鳴。半夏生

夏至與冬至是最早為人類測得的兩天，〈堯典〉中稱「日永」，《夏小正》為「時有養日」，夏至這兩字初見西漢《淮南子》。

夏至太陽黃經九十度，太陽直射北回歸線，北半球是一年之中白晝最長的一天，也是炎熱夏季的開始。夏至陽極之至，盛陽覆蓋其

右頁：夏至測影日影最短，因太陽直射北回歸線，當日樹陰合地。蟬翼薄如紗。
左頁：半夏因生於夏季之半而得名也是藥材。
日本菖蒲夏日開花。

上、陰氣始起於下，是「陰陽爭死生分」的時分，喜陰的生物開始滋生取代喜陽的。夏至第一候「鹿角解」。麋與鹿兩者不同，鹿角向前傾屬陽，古人認為到了夏至時因為陽氣開始退，所以鹿角就自動掉下來。

夏至第二候「蟬始鳴」。蟬的古字是蜩，蟬是總名，有許多種不同的蟬，像良蜩指五彩蟬，唐蜩指大蟬，還有寒蟬到秋天才會鳴。夏蟬又叫「知了」，雄者到了夏至時分會鼓翼而叫，是夏天最重要的聲音之一。

夏至第三候「半夏生」。半夏是野生藥草，因為在夏日之半生長，而得半夏之名。日本的夏至三候是「乃東生。菖蒲華。半夏生」。日本菖蒲是水生，到了夏天會開著紫色及白色的花，是日本人非常喜歡的花卉。

荔枝

夏至時食、薄滋味、定心氣

夏至時果以荔枝為最，荔枝又叫丹荔，號稱天下第一果品，有果仙之稱。正月時荔枝花開，到了夏至左右開始收成。荔枝生長在炎熱的南方，過去只有閩、粵及巴蜀產。

楊貴妃喜食荔枝而命驛騎傳遞，使荔枝更為有名。唐朝雖有飛騎快遞，送到京城的荔枝仍泰半腐爛。可吃荔枝的時節也因為荔枝不易保存而很短暫，只有夏至前後一、兩星期有荔枝可食。

最好的荔枝出產在福建，共有福州、興化、漳州、泉州四產地。各地出產不同品種，福州的一品紅、狀元紅；興化的延壽紅；泉州的大將軍、七夕紅；及漳州的虎皮斑等。

圖中荔枝實品均為玉荷包。
本頁上圖：1656 年波蘭傳教士卜彌格（Michal Boym）所著 *Flora Sinensis* 中之荔枝圖。
左圖：國立故宮博物院藏宋錢選〈荔枝圖〉卷局部。

荔枝既是果中之仙，可食荔枝的季節又是那麼短暫，吃荔枝過去不但是一件大事，也要有錢有閒者才能享受，因而有食荔枝清福三十三事的傳說，其中包括：開花雨時、雨初過、同好至、晚涼、新月、簪茉莉、微醉、佳人剝、臨流、對鶴、樓頭、名品嘗遍、貯白磁盆、隔竹聞香……神仙的生活也不過是如此吧。

小暑

太陽黃經在一〇五度的位置到小暑，溫熱之氣為暑，夏至並不是最熱的時候，夏至開始日照長，熱氣都潛伏在土中，到小暑及大暑之時才慢慢發散出來。小暑暑氣尚未極致，後接大暑才是炎熱之極，與西洋人以陽曆六月為夏季開始，七月是盛暑相符合。

小暑第一候「溫風至」。溫風指溫熱之風，「至」是極致的意思，到小暑時分熱風吹到極致，帶來暑熱之氣。

小暑第二候「蟋蟀居宇」源自《詩經・七月》，全篇不僅描述七月，也有全年的歲時活動，關於蟋蟀的文字有「七月在野。八月在宇。九月在戶。十月蟋蟀入我床下」。

溫風至。蟋蟀居宇。鷹始鷙

上：紐約大都會博物館所藏〈豳風圖〉卷，生動描繪各月蟋蟀生態。
下：右為鷹、左為安藤忠雄淡路島本福寺水御堂屋頂的蓮池。

宇是庭宇，周曆八月在宇正是夏曆的六月居宇，〈豳風七月圖〉對蟋蟀有特殊的描繪。小暑第三候「鷹始鷙」，老鷹飛出來，並開始學習搏殺的方法，見《夏小正》六月。此三候也有寫為「涼風至。蟋蟀居壁。鷹乃學習」。小暑距清明正好九十天，「八風」順下來正好是涼風至。

日本的小暑三候是「溫風至。蓮始開。鷹乃學習」。蓮是水生的植物，生長在較溫暖的地帶，與牡丹一樣在唐朝才在中國流行。唐朝用很多西番蓮的花紋，蓮也與漢以後佛教文化有密切的關係。

荷花生

六月初四

「蓮」原指蓮蓬，而「荷」是葉子。荷花或蓮花最早被稱為「扶渠」或「芙蓉」，如古歌謠「青荷蓋綠水，扶渠暗紅鮮」。而夏荷秋蓮是形容夏天荷葉繁茂、秋天蓮子成熟。扶渠此名現代人知道不多，也蓮荷不分。按西洋植物學分類，荷是屬於睡蓮科。

魏晉南北朝後，佛教全盛，從今天可以看到的文物中，蓮花的圖案廣泛地應用，不論織

物、銅鏡、瓷器、螺鈿……也有西番蓮的圖案，美不勝收。傳說金兀朮是聽到江南有「三秋桂子、十里荷花」而動侵略之心。佛教認為蓮花是最神聖重要的花朵，佛經中寫著：「蓮有四德；一香、二淨、三柔軟、四可愛。譬法界真如統有四德謂常樂我淨，於眾花中，最大最勝，故名為王。」佛教的極樂世界裡，眾生皆為蓮華化身，所謂蓮亦為傳告佛陀誕生消息而開花。

蓮一方面是實相界的生物，另一方面也是人們想像中的神仙花卉。許多文人雅士或藝術家，亦以蓮花為其心靈寄託的象徵，無論徐渭、石濤、八大山人等，均以寫畫蓮花來顯示自己心境、生命及理想，尤其以殘荷來表達落魄及對現世的悲憤。「蓮之出淤泥而不染」，千古以來引用以激勵逆境中掙扎者。

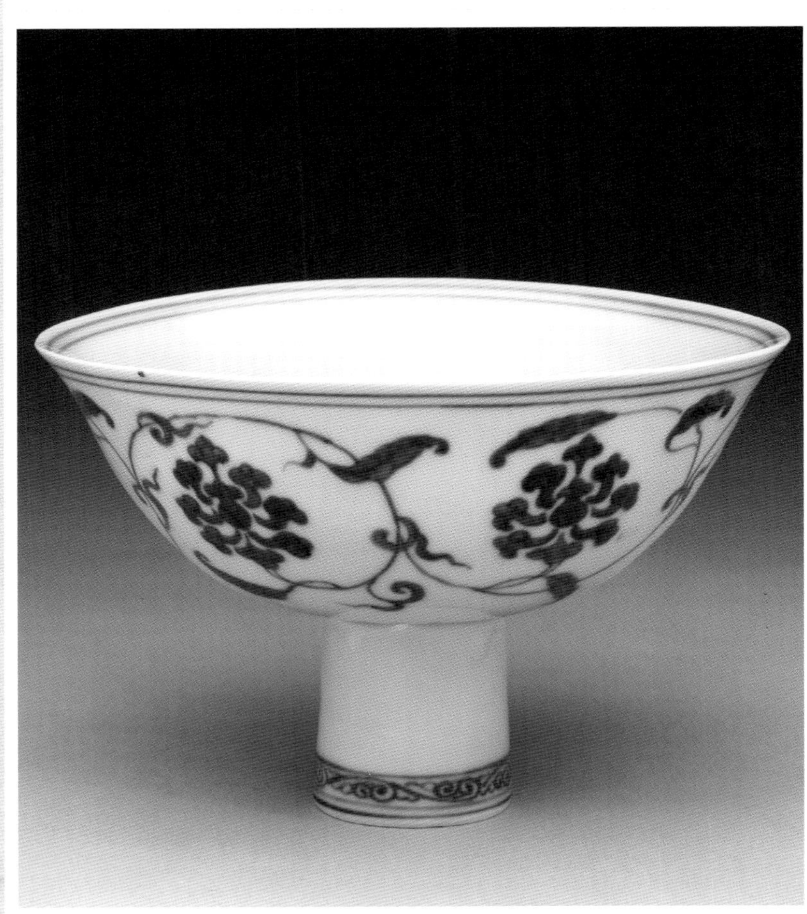

右頁：荷原指荷葉，花稱扶渠，唐招提寺著名的白荷。
上：乾隆時青花繪西番蓮圖案。
左：國立故宮博物院藏明徐渭〈荷花〉軸。

三伏

始自夏至後第三庚日

民間流傳「最熱三伏天」，是夏至日後第三庚日開始為初伏，十天後第四庚日為中伏，到立秋後第一庚日為末伏。共約三十或四十日，被認為是真正的夏天。

根據《史記・秦本紀》：「德公二年，初伏以狗御蠱。」開始以狗血制伏暑熱，三伏到了漢朝時，已變成重要的節日。

「伏」有隱藏的意思，在伏日要用隱藏的方法來避盛暑之熱。特別選擇夏至後的第三個「庚」日，夏季屬火、火剋金所以金遇到火必會隱伏，屬金的庚日則為伏日。

此外雖然夏至日照最長，但熱氣在土地中要累積一段時間，到小暑熱力才真正發散。三伏始自小暑後，經大暑到立秋後才結束。

漢朝在伏日賜群臣肉，是祭祀後的餘胙。也有「冬鍊三九、熱鍊三伏」的說法，認為氣候轉變的季節需要進補，北方有「伏雞」與「伏羊」。民間較為通俗的語諺是「頭伏餃子、二伏麵、三伏烙餅攤雞蛋」。熱天要吃下滾燙的麵湯，才可出一身汗及清腸整胃。

瓜果在夏季成熟，成為消暑重要食品，還有一些清涼消暑的飲料，宋代已有涼茶果汁的

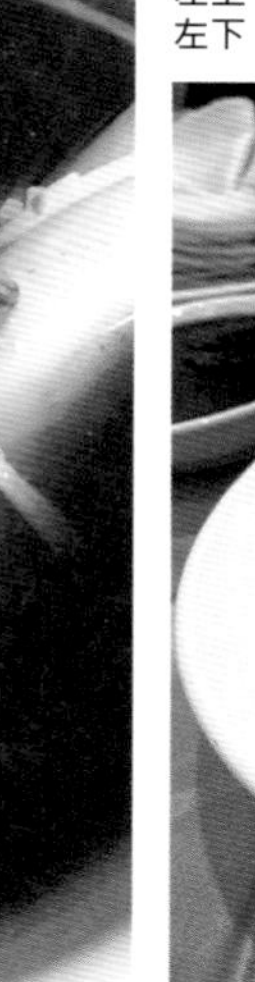

右頁：三伏日各種滾熱的時食。
左上：消暑冰品的仙草、愛玉。
左下：台南水仙宮市場內傳統的青草茶店。

紀錄。酸梅湯及苦茶也很普遍，還有常見的青草茶。其原料不拘約有五十餘種草藥可任選，仙草、魚腥草、薄荷、鳳尾草、咸豐草是比較常見的成分，此外白菊花也有清涼退火的功能。

還有一些帶膠質會凝結的黏性天然種子或植物，如石花菜、薜荔（愛玉）及仙草等。台灣地區並流行吃米苔目及粉圓，也是用會凝結的澱粉食品做成。

歇伏

三伏天有歇伏的習俗，現在流行「避暑」一樣的意思，古代帝王都有專為避暑而建的宮殿，北宋汴梁京中有碧玉壺、風泉館及萬荷莊，只看名稱就知是清涼通風所在。南宋遷都到杭州後，也一樣有翠寒宮和冷泉堂，以翠寒宮為例，其中濃翠蔽日、寒瀑飛空，更

上：康熙親題的承德「避暑山莊」四字。
下：避暑山莊湖州區仿江南景色而建。
左：國立故宮博物院所藏宋人〈宮沼納涼圖〉。

有十畝大池。並有風輪將園中千萬株奇花異卉的香氣送內殿，皇帝的寢殿中更有金盆內盛積雪以送涼氣。

清代的圓明園及頤和園都是避暑的宮殿，此外尚有避暑山莊熱河行宮，有時皇帝三月就搬到熱河去，要到九月才回來。熱河行宮中多亭台水樹，圓明園或頤和園也是一樣，雖不致如南宋那般奢華，也發揮消暑功能。

天貺節

六月初六

出梅之後進入三伏炎夏，是過去民間忙著洗衣晒書的時候。到了六月六天已熱，冬衣亦不再需要，正好晒衣收藏，最早是在末伏時期的七月七洗晒衣物，漢朝文獻：「七月七日曝經書及衣服，不蠹。」

魏晉南北朝仍延續著這個習俗，到宋朝才改到六月六與宋真宗趙恆關係密切。他在位一共創了五個節日，分別爲：天慶、先天、降聖、天貺、天祺。

這些節日除先天七月一日是趙家先祖趙玄朗的生日外，其他均與道教有關，降聖二月十五是老子聖誕。這些節日不是有「天書」降臨大宋王朝，就是有神人現身。

天貺是六月六，為得到天書恩典，真宗還在泰安岱廟內建造天貺殿，規格與皇宮近似，天貺殿內有照妖鏡及真宗自己泰山封禪圖。天貺官員放假一日休息，以供大家回去洗衣晒書，朝廷也晒龍袍及曝晒儀仗鑾輿。明清時大內也一樣在這天晒鑾駕、重要文獻檔案及藏書，傳到民間也紛紛在這一天晒書的晒書，晒筆的晒筆。

上圖為宋真宗趙恆（968—1022）。
他篤信道教，大中祥符元年（1008）稱受天書、封禪泰山，岱廟天貺殿內有其封禪圖及照妖鏡。

大暑

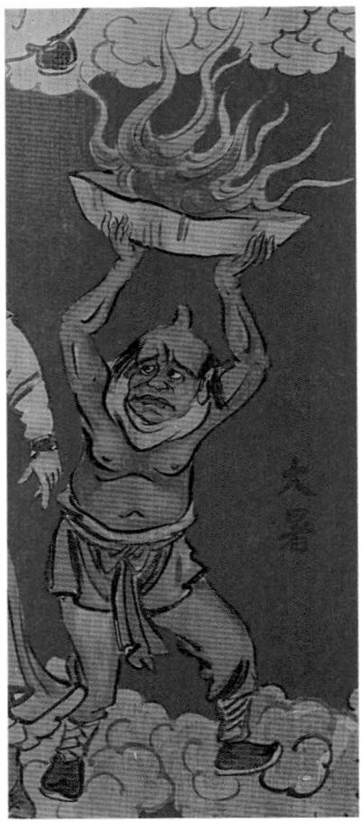

腐草為螢。土潤溽暑。大雨時行

太陽黃經在一百二十度位置時就是大暑。二十四節氣解「大暑乃炎熱之極」，是一年之中最炎熱的幾天。「最熱三伏天」也指小暑後到立秋前的大暑，為炎熱的至極。

大暑第一候「腐草為螢」，螢火蟲分水生及陸生兩類，在盛夏孵化而出。陸生的螢火蟲產卵在落葉枯草之間，經幼蟲、蛹至成蟲是

上列為桐花及螢火蟲幼蟲。
下圖為大暑時的午後陣雨。

所謂完全變態類昆蟲。古人的生物知識缺乏，既然認為老鷹都可以化為斑鳩，螢火蟲當然也可以是腐草所變。

大暑第二候是「土潤溽暑」，天候又溼又燠熱且土氣溼潤，鬱蒸的溼熱最是難過。

大暑第三候是「大雨時行」，當溼熱到極點的時候，水氣充沛天降大雨，這樣的大雨降下，正好可以沖散暑熱，進入立秋的節氣。

日本大暑三候是「桐始結花。土潤溽暑。大雨時行」。腐草為螢在日本是芒種第二候，而桐花開在中國是清明第一候，在台灣大暑時分，滿山桐花早已盛極後凋零。

火神誕

六月二十三

火在五行方位屬南、季節是夏。夏末陰曆六月二十三的火神祭，正符合了「南天正位」火德星君的身分。

火神可追溯到炎帝神農氏，遠古民間傳說中的火神，有祝融與回祿二人，後人把火災稱之為回祿之災或祝融之災。

上：祭祀後分防火水。
左：台南法華寺主殿右殿祀火神，每年六月二十三有慶祝儀式。

北京的火神廟傳說建於唐貞觀年間，目前在北京什剎海元代運河終點處，規模宏大，主殿仍為明萬曆年原物。

康熙年間，台南法華寺即奉祀火神。日據時期日人曾將法華寺的火王爺攜回日本，沒想到巧遇東京大火，傳說日本人不得不將火王送回，但法華寺已另塑新神，這尊有紀念價值的火神現在就放在國立臺灣博物館內。

火神祭在台灣是一個式微的祭典，各地信徒紛紛在六月二十三這天前來祭拜，並祈回聖水以供消禳火災。

十二地支中巳、午、未屬火，法華寺的火神誕儀式由巳時開始，稱之為午敬，除了供奉鮮花、水果、素饌，尚有台灣傳統在神誕日使用的大壽金金紙，以及同時放在供桌上大桶的清水，供信徒取回後灑在屋牆角落以防止火災肆虐。

除了火神祭外，民間尚有許多防火的巫術，像是在箱籠櫃櫥中放春畫稱避火圖，或春分日種戒火草於屋上。戒火草各地習俗不同，但都是能儲存相當水分的耐旱植物，大概略能延阻火勢。

上：台南祀典武廟的火德星君。
左：法華寺現況。

秋

「秋」字由禾與火兩字組成，是禾穀成熟收成的季節。中國曆法秋時始自立秋日，經處暑、白露、秋分、寒露、霜降到立冬前一日止。農作物春「生」、夏「長」終於到了秋「收」。初秋節氣有處暑，表示暑氣到此方止，秋末已是寒氣初現的霜降。秋由吹西南風的夏季，過渡轉換到吹東北風的冬季。許多草木蟲鳥之變化是春去秋來相對應，秋的「鴻雁來、元鳥歸」對應春的「候雁北、元鳥至」；秋的「雷始收聲、蟄蟲坏戶、草木黃落」與春的「雷乃發聲、蟄蟲始振、草木萌動」成明顯的對比。

秋的方位北斗七星指西，五行庚辛金，這兩個天干「庚」有堅強的意思，表示秋時萬物

庚庚有實。「辛」同新，指萬物之新生皆收成，都有穀物收成的含意。

秋的歲時節令秋社起源很早外，其餘為晚近發展，中秋是「秋分祭月」的另一種形式。

古人相信秋時天地始肅，秋金有肅殺之氣而訂秋決，告誡人類不可犯錯，也不能驕盈，能順應天時者，必有豐富的秋實可收。

夏小正

七月、八月、九月

七月。秀雚葦。

七月時，乾地的菼已長成雚，溼地的葭也生成葦。

貍子肇肆。湟潦生苹。

貍子開始學習撲殺的技術，有水積聚的地方都有浮萍聚生。

爽死。荓秀。

爽死一說是爽司，即鷹為鳥司，飛鳥秋去可能是秋分的雛形。爽另解是猶疏也，指微小的靡草已死，可做掃把的荓草胡枝子茂盛。

右上：可做掃把的胡枝子、
右下：小川芋銭的〈狐行圖〉。
上：不論在乾地或溼地，蘆葦代表了秋色。

漢案戶。寒蟬鳴。

天上的銀河到了七月，依照民間宅院坐北朝南的方位，南北向垂直在天庭正中。這時寒蟬開始鳴叫。

初昏織女正東鄉。時有霖雨。

太陽剛落下就可在正東方天空看到織女星，初秋開始也常會下雨。

灌荼。斗柄縣在下則旦。

農人翻田以苦苣為菜肥。等到北斗七星的柄星指下時，天就快要亮了。

七月銀河南北垂直天庭稱「漢案戶」。

八月。剝瓜。玄校。

八月的時候，削瓜醃漬為菹，儲存以備祭祀時用。這時並開始染黑色及綠黃色的衣服。

剝棗。栗零。

可將成熟的棗子自樹上打落，栗子也在此時間裂開，可取食。

群鳥翔。辰則伏。

天空有成群的鳥飛來飛去。辰星即水星這時看不到了。

鹿從。鴽為鼠。

鹿此時成群，稱為「鴽」的鵪鳥不見，又見田鼠跑出來。

參中則旦。

參星到南天正中時，太陽就快要出來了。

九月。內火。

九月時，太陽靠近天蠍座，其主星大火星當然看不到了。

遰鴻雁。陟玄鳥。

鴻雁自北往南飛，燕子也飛回南方。

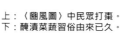

上：〈豳風圖〉中民眾打棗。
下：醃漬菜蔬習俗由來已久。

熊羆貊貉鼶鼬則穴。

凡是會冬眠的百獸如熊貊等這時冬眠，回到牠們的洞穴中。

榮鞠。樹麥。

九月時秋菊開著黃色的花朵，看到菊花應該想到薺麥應時而生。

王始裘。

季秋時舉行獻衣裘給君王的典禮。

辰繫于日。

水星繞日僅八十八天，看起來與太陽同時升起，也同時沒入地平線。

雀入于海為蛤。

海中有三種甲貝類，傳說都是雀鳥所化，九月時千歲之雀飛入海中化為蛤蜊。

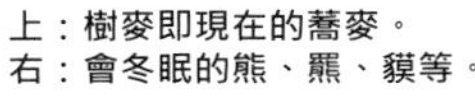

上：樹麥即現在的蕎麥。
右：會冬眠的熊、羆、貘等。

立秋

立秋是夏去秋續，秋季的第一天。
大暑後太陽黃經一三五度位置到立秋。
二十四節氣解上說「秋就也，萬物就成」。
立秋的時候，農作物就都快要熟成了。

涼風至。白露降。寒蟬鳴

立秋的第一候是「涼風至」。經過大暑時的大雨暑氣漸消，風向也有所改變，在華南沿海的熱帶性低氣壓，形成颱風帶來雨水。

立秋第二候是「白露降」。白露並不是指露水，而是立秋後，天候有時白茫茫一片像是白霧。日本立秋第三候正是「蒙霧升降」，秋是起霧的季節。

立秋第三候「寒蟬鳴」是源自《夏小正》七月。在秋天叫的蟬，稱之為寒蟬，是一種體型比較小的蟬。寒蟬也就是寒蜩，牠的外殼是青赤色，也是感應到陰氣生而開始叫。

寒蟬鳴在日本是立秋第二候，日本的立秋第一候一樣是「涼風至」。

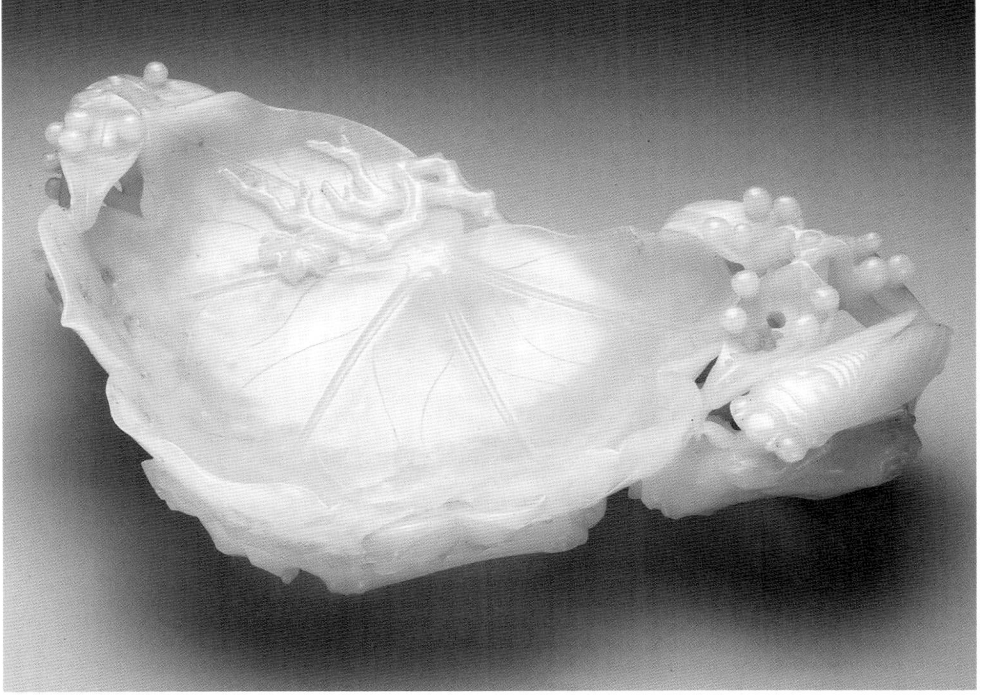

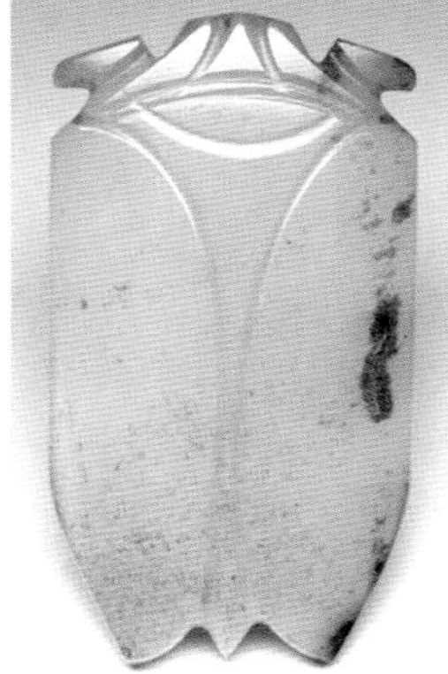

右：初秋天候轉涼開始起霧。
上：國立故宮博物院所藏乾隆白玉秋蟬桐葉洗。
左：漢秋神畫像石及白玉蟬。

迎秋

迎秋是古老的活動。立秋前三日太史竭告天子某日為立秋日，天子先齋戒，到了立秋日親率三公九卿到西郊九里之處迎秋。

天子回朝後要犒賞軍士，秋季也是選士厲兵的季節，是為了順應天地肅殺之氣。孟秋之時已有穀物收成，天子嘗新穀前，先薦寢廟不忘四時祭社。

象徵秋日盛德的四獸是白虎，漢未央宮還有白虎闕，後世似乎誤認白虎為非吉祥之兆，到唐大明宮用月華門，宋、元用西華門，明用西安門等，不再見白虎二字。

上：大明宮含元殿西門稱月華門。
右：永樂宮元代白虎壁畫。
中：新穀已成，初秋天子嘗新。

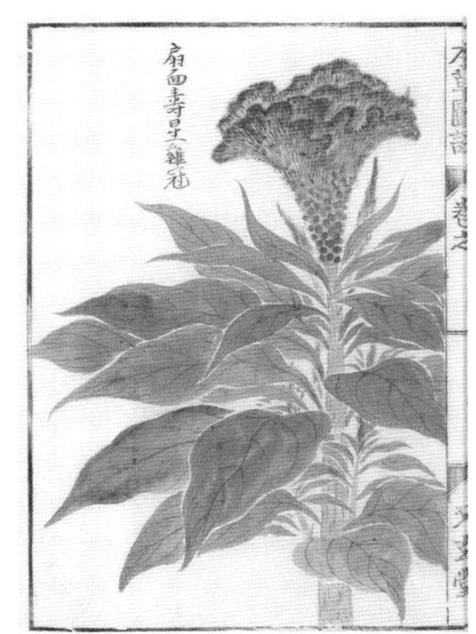

宋朝時仍以立秋為節，《東京夢華錄》上記載此日滿街賣楸葉，婦女兒童皆剪成花樣戴之，唐朝即有之習俗稱「一葉知秋」。立秋也是瓜果梨棗收成的時節，初秋的時花是雞冠花，也是七夕祭拜供奉的用花，當時名稱是「雞頭」。

楸圖

上：日本《本草圖譜》的雞冠花。
左：台北植物園僅有的一株楸樹。

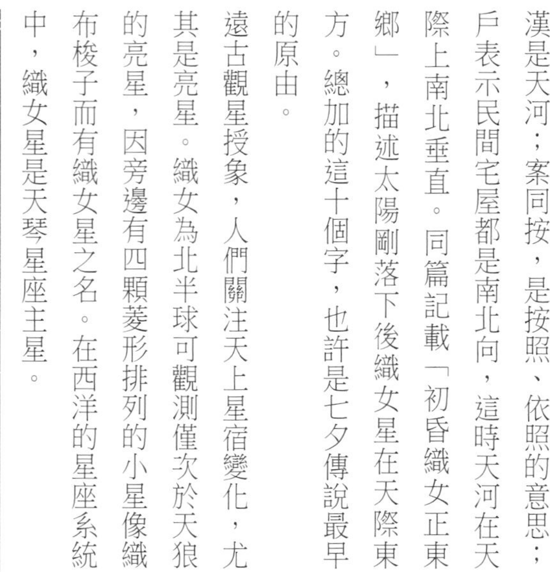

漢案戶

七月初七

漢是天河；案同按，是按照、依照的意思；戶表示民間宅屋都是南北向，這時天河在天際上南北垂直。同篇記載「初昏織女正東鄉」，描述太陽剛落下後織女星在天際東方。總加的這十個字，也許是七夕傳說最早的原由。

遠古觀星授象，人們關注天上星宿變化，尤其是亮星。織女為北半球可觀測僅次於天狼的亮星，因旁邊有四顆菱形排列的小星像織布梭子而有織女星之名。在西洋的星座系統中，織女星是天琴星座主星。

左：織女是北天亮星，天琴座（Lyra）的主星織女星（Vega）。
下：七夕雨在奈良興福寺五重塔。

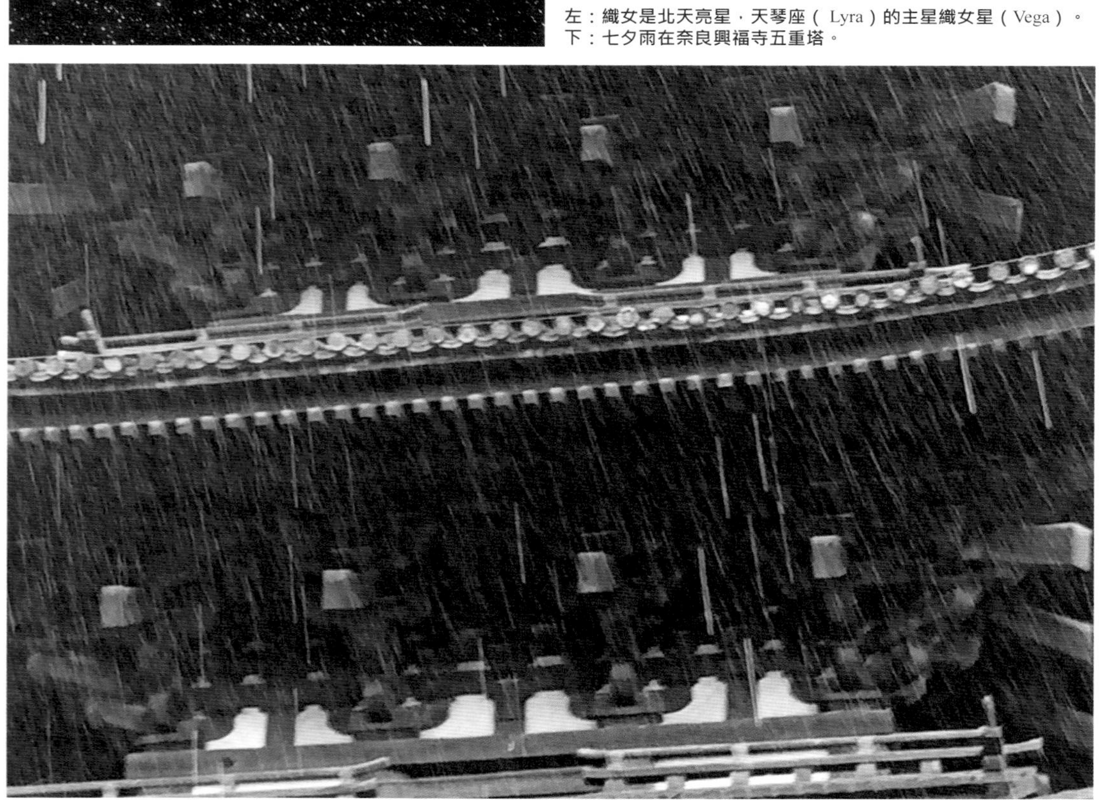

牛郎星在稍後的文字記載中才出現。牛宿是二十八宿中北方玄武七宿的第二宿，西洋星座是魔羯座，牛郎織女的故事，可能是「上天垂象男耕女織」的政令宣導。

七夕的傳說今天如此淒婉哀怨浪漫，實是源於一首古漢樂府詩。漢末到魏晉南北朝將牛郎織女的故事越編越複雜生動，加上喜鵲搭橋、七夕相會，並有「七夕雨」為牛郎織女淚水的動人傳說。

迢迢牽牛星，皎皎河漢女，
纖纖擢素手，札札弄機杼。
終日不成章，泣涕零如雨，
河漢清且淺，相去復幾許，
盈盈一水間，脈脈不得語。

河鼓三星圖

織女
輦道
漸臺
左旗
河鼓
天桴
右旗
虛
女
牛宿
羅堰
九坎

右：中國星圖牛郎星稱河鼓二，與織女星均屬二十八宿的牛宿。
下：中國人認為牛郎織女故事是上天垂訓男耕女織。

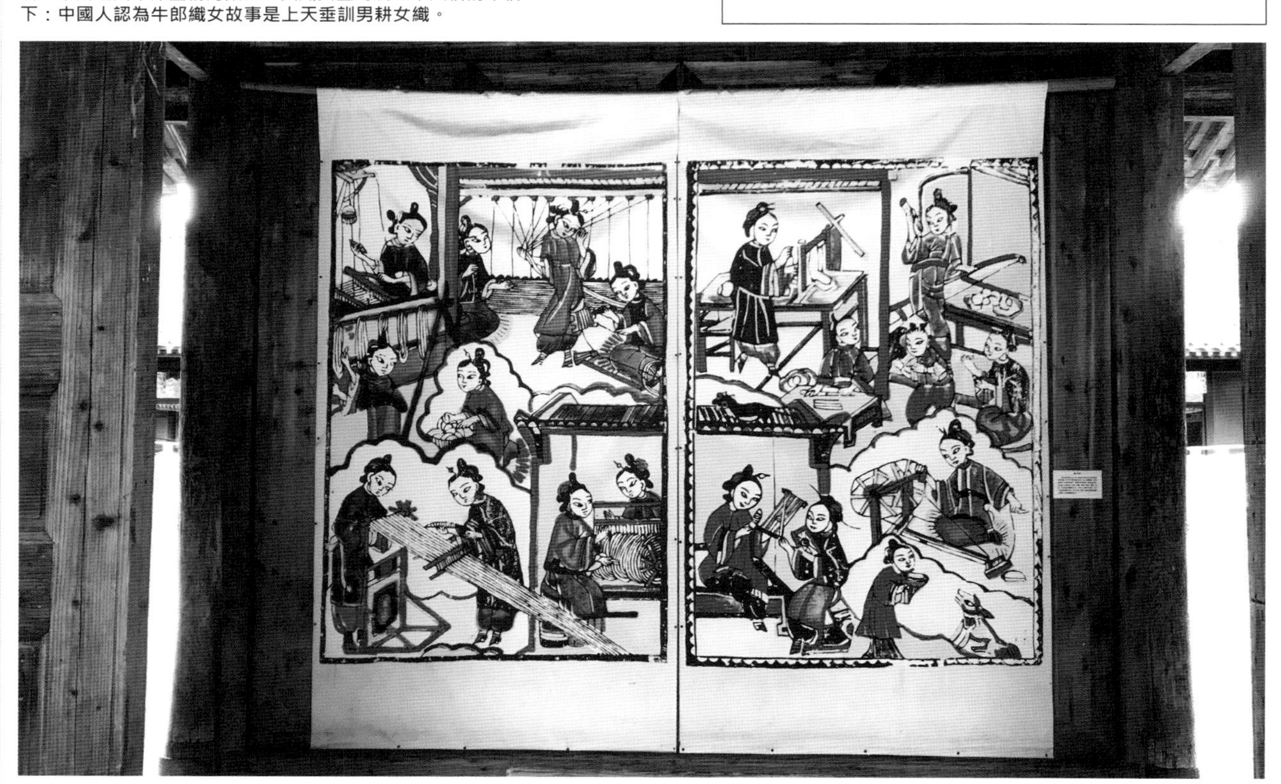

七娘媽生

乞巧最早見於六朝的《荊楚歲時記》，已描述了七月七的夜晚牛郎織女相會，婦女們在院中以瓜果拜雙星乞巧，結綵縷穿七孔針。唐朝也有七月七的節慶，如白居易詩句「七月七日長生殿」。乞巧爾後更為繁雜成為少女的重要節日，祭拜的供品也越來越多，像是鮮花及化妝品，並將祭獻給織女的花粉分成兩半，一半投到屋頂上給織女用，另一半留給自己用，因為傳說與織女共享化妝品，可保持青春美麗。

泉州及台灣，及華南沿海某些地區，在七夕有拜七娘媽的習俗。七夕又叫七娘媽生，傳說是七娘媽的誕辰。七娘媽源自織女，也有人認為是指織女的守護神的七顆小星。

台灣民間傳說，七娘媽是兒童守護神，有兒童的人家，週歲時要到七娘媽廟祈願，每年七夕祭拜。還要拿紅線穿古錢或鎖片，稱之為「絭」，拜過後可給兒童掛一年，第二年再換一次，如此到十六歲才可「脫絭」。

七娘媽生的供品是以雞冠花與圓仔花為主的應節花束，及白粉、胭脂。還要供油飯及特殊的五彩色紙與金紙一起燒給七娘媽。

脫絭要到七娘媽廟去還願，用色紙紮成七娘媽亭，感謝七娘媽保佑平平安安成長到十六歲，拜完後焚亭脫絭，是另類成人禮。

左上：台南開隆宮主祀七娘媽，是兒童守護神。
左下：拜七娘的花是圓仔花與雞冠花。
右、中：七娘媽亭是拜七娘媽最重要供品，有三層精美裝飾，又稱七娘媽燈，上面寫著將成年者之名字，最後焚化禮成。

處暑

鷹乃祭鳥。天地始肅。禾乃登

「處」在過去有「退」或「止」的意思，處暑也就是暑氣到此時開始退去，炎熱的天氣到此為止。

立秋後，大陽黃經一五〇度位置時，就是處暑。所謂「秋老虎」正是指立秋到處暑這段時間，過末伏後到處暑才會轉為秋涼。

處暑第一候是「鷹乃祭鳥」。老鷹到秋初時喙硬開始學習捕攫，《夏小正》六月上「鷹始鷙」一樣是先陳如祭而後食。此處是相對於驚蟄第三候的「鷹化為鳩」，所謂「春為鳩、秋為鷹」。

處暑第二候「天地始肅」。肅是肅殺之氣，古時有「秋決」的規定，也就是順天地肅殺之氣而行刑。《呂氏春秋》上說「天地始肅不可以贏」，告誡秋天是不驕盈、要收斂。

上：春為鳩、秋為鷹，秋日天空見老鷹盤旋。
左上：棉開完花結蒴果，內有棉籽，其表皮的茸毛就是棉花。
左下：禾乃登是指秋天禾穀成熟。

處暑第三候「禾乃登」。禾是黍、稷、稻、粱類的總稱，「登」是成熟，《呂氏春秋》為農乃升穀，農民把成熟的禾穀獻給天子。日本的處暑三候是「綿柎開」。天地始肅。禾乃登」。綿柎是綿的花萼，在此時裂開，與驚蟄沒有鷹化鳩一樣，日本人缺少鷹祭鳥的想像力。

中元普渡

七月十五

中元普渡是目前民間最重要的節慶之一，除「普渡」祭無祀之孤魂野鬼外，亦在中元節祭拜祖先。中國遠古臘祭時祭百神祖先，而普渡是受了佛教傳入後，帶來地獄及輪迴的觀念影響而形成。

佛門在四月十五開始結制於廟中誦經持咒，九十天功德圓滿到七月十五解制，相傳在這天修供，則福報可百倍。佛教的盂蘭盆在這日舉行，所得福報可救七世父母陰間倒懸之苦。盂蘭盆梵文原意即為「救倒懸」。

道教傳說七月初一是開鬼門關，整個七月都是鬼月，到七月三十才關鬼門，期間人們普

渡孤魂野鬼。最有名的鬼門在基隆老大公廟半山中，七月初一早子時開鬼門，讓眾鬼接受陽間的普渡。放水燈則在七月十四舉行，水燈是以紙與竹條糊成「紙厝」，裡面點香蠟，安放在可助浮的木板或筏子上。人們手捧水燈，先由道士引導遊街，而後到水邊放流。這時岸邊亦供三牲銀紙，水燈所書「度讚中元」。

右上：基隆大老公廟，陰曆七月初一子時開鬼門。
右下：七月普渡老百姓競相供各種供品，排得滿滿一桌桌。
普渡完後，四周群眾一擁而上，搶供品的活動稱為搶孤。

左頁：右為孤棚模型，除了普渡祭壇外另外搭建高聳孤棚成為競賽。
左圖係國立故宮博物院所藏宋馬麟〈三官出巡圖〉，道教以正月十五
上元為天官大帝之誕辰，中元七月十五地官大帝及下元十月十五水官大帝誕。
七月十五地官大帝來到凡間而稱為中元節，

白露

鴻雁來。元鳥歸。群鳥養羞

處暑後太陽黃經一六五度位置就是白露。由炎夏進入涼秋的時分，二十四節氣解所說：「水土溼氣凝而為露……氣始寒也。」

白露第一候「鴻雁來」，是相對於雨水第二候的「候雁北」。春時鴻雁北飛，而秋時又自北方南來。

白露第二候「元鳥歸」，亦是對應於春分的「元鳥去」，燕子春去秋來。在《夏小正》九月篇中亦記錄了「滯鴻雁。陟玄鳥」。

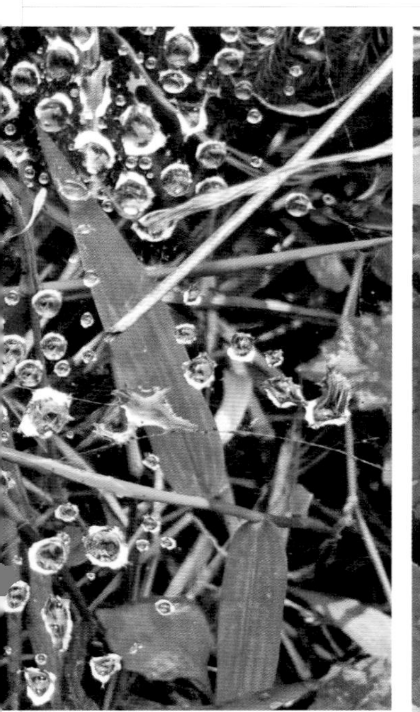

白露第三候「群鳥養羞」，有人按字面解釋「羞」同「饈」是指食物，群鳥養羞是群鳥儲存過冬的食物，在生物學上似乎沒有太多鳥類儲糧過冬的證據。應是指群鳥的羽毛更豐滿，可以過冬了，因為許多鳥都有冬羽與夏羽的區別。

日本的白露三候是「草露白。鶺鴒鳴。玄鳥去」。草上的露水雖是透明，但球面在反光下，也有以珠粒般的白色光澤。鶺鴒是候鳥的一種。元鳥即玄鳥，清初避康熙諱改稱。西洋節分白露、秋分是真正秋天的開始，秋意到此方濃、很快又進入寒冬。

鶺鴒圖

上列：鴻雁及鶺鴒。
下列：白露是草上的露水，有時指白霧。

秋分

秋分在〈堯典〉上稱為「宵中」，「宵」是夜的意思，相對於春分的「日中」；所謂春分用「日」，秋分用「夜」，意思都表示這一天日夜等長。爾後又稱為「日夜分」，是最早的「二分二至」之一。

白露後太陽黃經一八〇度位置，就是秋分。秋分日既然日夜等長，也表示陰陽等分所以晝夜等分，而且寒暑亦相當，天氣必是不冷

雷始收聲。蟄蟲坯戶。水始涸

不熱。秋分過後陰氣日盛，夜也日長，當然天候也開始冷起來了。

秋分第一候「雷始收聲」，相對春分的「雷乃發聲」。古人認為雷是因為陽氣盛而發聲，秋分後陰氣開始盛，所以不再打雷了。

秋分第二候「蟄蟲坏戶」。坏指細土，表示眾小蟲都已經穴藏起來了，還要用細土把洞口儘量地封起來，以避免寒氣侵入。

秋分第三候「水始涸」。涸是乾竭的意思，在華北地區春夏日水較豐沛，而到了秋天水氣開始乾竭。氣候乾涸所以秋高氣爽，夜晚也沒有烏雲掩月，自古以來天子春分朝日、秋分夕月，北京城仍留下祭月的夕月壇。日本的秋分三候「雷始收聲。蟄蟲坏戶。水始涸」，完全相同。

月壇圖

右：修善寺的楓葉顯現秋日草木變色。
上：過去帝王秋分祭月。北京城西建月壇。
下：秋高氣爽氣候乾燥、所以水始涸。

中秋

八月十五

中秋節是現今重要的民俗節慶，且為國定假日，宋朝秋季立秋、七夕、末伏、秋社、秋分、重陽都放假，但中秋未被列入。

「二月十五花朝、八月十五月夕」起源很早。宋朝店家在這一天重新裝飾門面，並賣新釀好的酒，供晚間賞月者飲新酒。這時秋蟹正肥也是時鮮，再加上石榴、梨、棗、栗等鮮果，供夜間通宵享用。

中秋吃月餅雖有抗元的傳說，月餅有取團圓之意，宋蘇東坡曾說：「小餅如嚼月，中有酥和飴。」當時有吃甜酥餅賞月的習俗。

祭月是中秋最隆重的活動，民間有月光神媽的信仰，在月亮尚未升起來前，就將月光神媽朝月出方向貼好，下設供案。拜月用的供品有月餅，還有應時鮮果文旦及柚子。

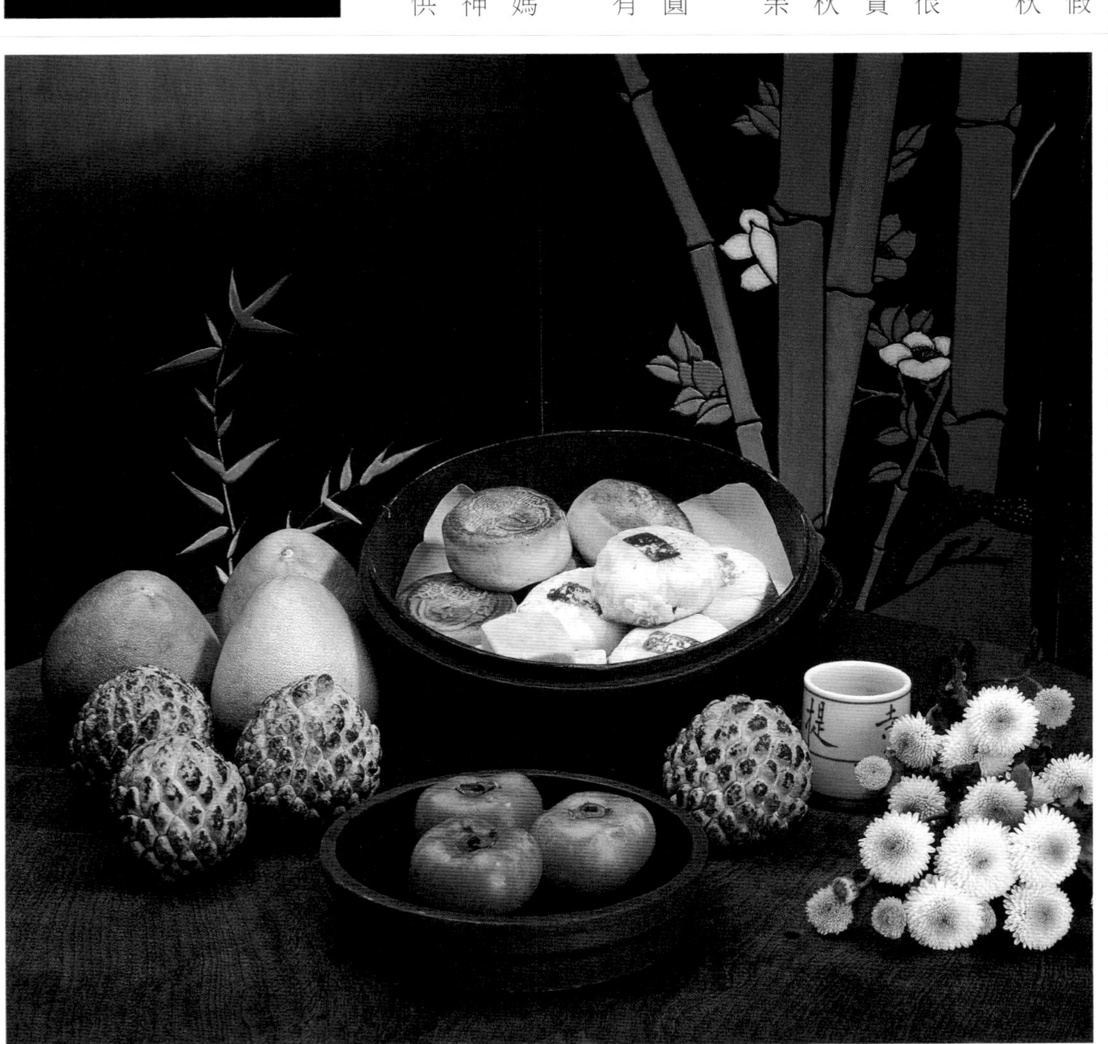

許多關於月亮的傳說，中秋時一再被提起就是嫦娥奔月了，連人類第一次登月時，阿姆斯壯都提到了這個傳說。

月宮中還有吳剛伐桂的神話，這是滿月時月亮上的斑影似有一株大桂樹，以及一個人在砍樹的樣子。當然月亮中還有玉兔，大概與白兔潔白如月色有關吧，傳說玉兔在月宮中搗長生不死之藥。中國人相信樂土在人間，月宮是廣寒宮，吳剛也是受了懲罰才伐桂。誠如李商隱詩所寫：「嫦娥應悔偷靈藥，碧海青天夜夜心。」

右：賞月不可或缺菊花、月餅及文旦。
上：石榴與梨是中秋鮮果。
左：國立故宮博物院藏明唐寅〈嫦娥奔月圖〉。

寒露

秋涼而成白露，秋冷則凝結成寒露。太陽黃經在一九五度的位置，就是寒露。天候逐漸變冷，寒露以後天更冷，就是霜降了。

寒露的第一候「鴻雁來賓」。多白露第一候一個賓字，是指較年長的雀鳥。

寒露第二候「雀入大水為蛤」。深秋天寒不見雀鳥，古人看到海邊突然多出許多蛤蜊，貝殼之條紋與雀鳥近似，以為是雀鳥所化。

寒露的第三候「菊有黃華」。菊花是秋天開花的植物，《夏小正》九月有「榮鞠」之句，古人認為季秋五行是土當令色黃，所以開的花也是黃色的菊花。

日本的寒露三候「鴻雁來。菊花開。蟋蟀在戶」。前兩候基本上與中國是一樣，「蟋蟀在戶」出自《詩經・七月》九月在戶之句。

鴻雁來賓。雀入大水為蛤。菊有黃華

上：秋日蘆花翻白、景色蕭瑟。
左：國立故宮博物院藏宋人畫〈雪蘆雙雁圖〉，雀鳥羽紋神似蛤蜊。

蛤蜊圖

菊有黃華、秋蟹

寒露

菊很早就被記錄，《夏小正》有「榮鞠」之句，鞠是菊的古字，說明九月時菊花開。菊花能如此早就被注意，實是其從熱帶到極地分布廣闊，能適應平地到高山地形，地球上無一處沒有菊科植物。

菊科植物另一特色是品種非常多，大約在一萬五千到兩萬種之間。僅次於蘭科。菊科繁生非常快，常是一大片一大片，是世界上數量最多的植物。

李時珍的《本草綱目》列菊花品種達九百種以上。目前大部分菊科都在墨西哥高原，以及地中海到中東一帶。

陶淵明愛菊，寫下了「採菊東籬下，悠然見南山」句。九月時華北一帶草木遍枯，只有菊花仍吐芬芳，所以菊花有「長壽花」及「延齡客」之稱，成為重九辟災的物件。

宋朝時流行過重陽節，同時賞菊。根據《東京夢華錄》，當時名品有萬齡菊、木香菊、金鈴菊及純白而大的喜容菊。

《紅樓夢》三十八回有菊花詩，其中以林黛玉所寫的〈詠菊〉、〈問菊〉及〈菊夢〉奪魁前三名，寫盡中國文人對菊花的思慕之情。

林黛玉奪魁的〈詠菊〉寫到：
無瀨詩魔昏晚侵，遶籬欹石自沉音。
毫端運秀臨霜寫，口齒噙香對月吟。
滿紙自憐題素怨，片言誰解訴秋心。
一從陶令平幸後，千古高風說到今。

最左為黃河口的大閘蟹。

《紅樓夢》菊花詩後，寶釵因她家當鋪裡伙計田上出上好的肥蟹，決定請老太太及大家在大觀園裡賞桂花吃螃蟹，加上幾罈好酒、四五桌果碟，又備菊花葉兒桂花蕊熏的綠豆

面子洗手。選了藕香榭這處蓋在池中的亭，水碧清、四面有窗、左右有曲廊可通，山坡下還有兩棵盛開的桂花，真是良辰美景，不過眾人寫的卻是菊花詩。

秋蟹自以大閘蟹奪魁，這種原生於中國沿海河口的河蟹，品嘗時間為農曆八、九、十月份，素有「九月圓臍十月尖，持螯飲酒菊花天」之說。大閘蟹以蘇州陽澄湖出產的最著名，價格也最昂貴。近年來黃河入海口的溼地也飼養大閘蟹。

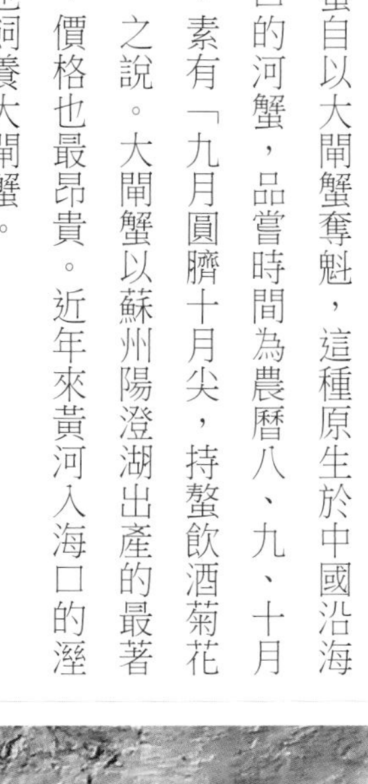

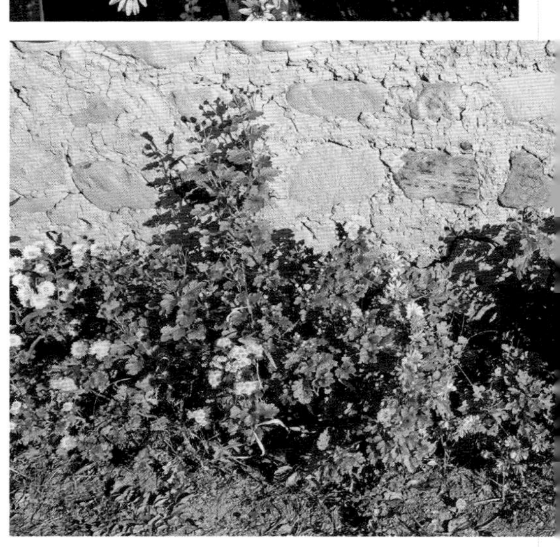

重陽

九月初九

原始社會人們常藉著某些物件儀式來趨吉避凶，通常被稱為巫術。隨著社會演變及文明的進步，這些儀式有些日後被冠以較莊嚴的意義，成為生命禮俗。有些巫術不自覺地變成生活的一部分，如過年放鞭炮、端午插艾草菖蒲等等。重九登高及插茱萸飲菊花酒，也曾是一種巫術，源自東漢桓景與費長房的故事，費長房並教他要用絳囊裝茱萸繫在手臂及飲菊花酒避邪毒。

曹丕時以九月初九日月並應九，可稱之為重陽，而有「重陽」之名。晉朝時，陶淵明愛菊，也愛「重陽」之名，九月九已成為非常普遍的佳節。

唐宋時重陽節慶活動的方式與社日同，再加上飲菊花酒及賞菊。菊花酒的釀法據說是要在前一年菊花開放時採菊之莖葉，將它與黍米混合釀造，到隔年的九月九正好釀成。

社日有社糕、重九也有重陽糕，又稱之為花糕，從宋朝文獻看來，它的作法是用麵粉與糖蒸成，裡面夾雜了石榴子、栗子、銀杏、松子與肉末等，糕上並插五彩紙剪的小旗。應節物品還有茱萸，茱萸是多種不同常綠帶香植物通稱，有殺蟲消毒逐寒祛風功能。與艾蒲、柳枝、桃木等都與原始巫術有關，茱萸則因王維九月九日憶山東兄弟詩句中，有「遍插茱萸少一人」之句而更有名。

左：國立故宮博物院藏宋繡〈盆菊詩意〉有「年年牘有重陽約」句。
上：秋日茶席之菊花。
中：《漢聲》雜誌數十年前拍攝的重陽糕。
右：春日山茱萸的黃花，秋日結紅色小果。

霜降

「霜」是露水遇到寒冷凝結成白色薄冰。所謂「霜降」，霜並非自天上降下來，而是露水凝結所成。

太陽黃經在二一〇度的位置就是霜降。二十四節氣解上說：「氣肅而霜降，陰始凝也。」《禮記・月令》及《呂氏春秋》也都用「是月也，霜始降」。到了霜降時分，天地之間陰氣就更重了。

霜降的第一候「豺乃祭獸」，豺戮食野獸時先陳後食似先祭獸。如「獺祭魚」、「鷹祭鳥」及「豺乃祭獸」三祭，代表鱗（魚）、羽（鳥）及毛（獸）三類生物，再加上雀化為蛤（甲殼）似四神的雛形。

霜降第二候是「草木黃落」。秋天植物已長成，除常綠的植物以外，葉子階段性光合作用的任務完成，枯黃後掉落。

豺乃祭獸。草木黃落。蟄蟲咸俯

霜降第三候「蟄蟲咸俯」。咸俯是垂頭不動冬眠的眾小蟲，在其洞穴中不動也不食。日本的霜降三候是「霜始降。霎時施。楓蔦黃」。霜始降形容節氣名。「霎」是小雨，表示這時日本地區會有小雨。蔦是一種纏生在楓樹上的蔓藤，許多人常以為是寄生，所以楓蔦連用，其實在深秋只有楓葉變黃，而蔦則已結子了。

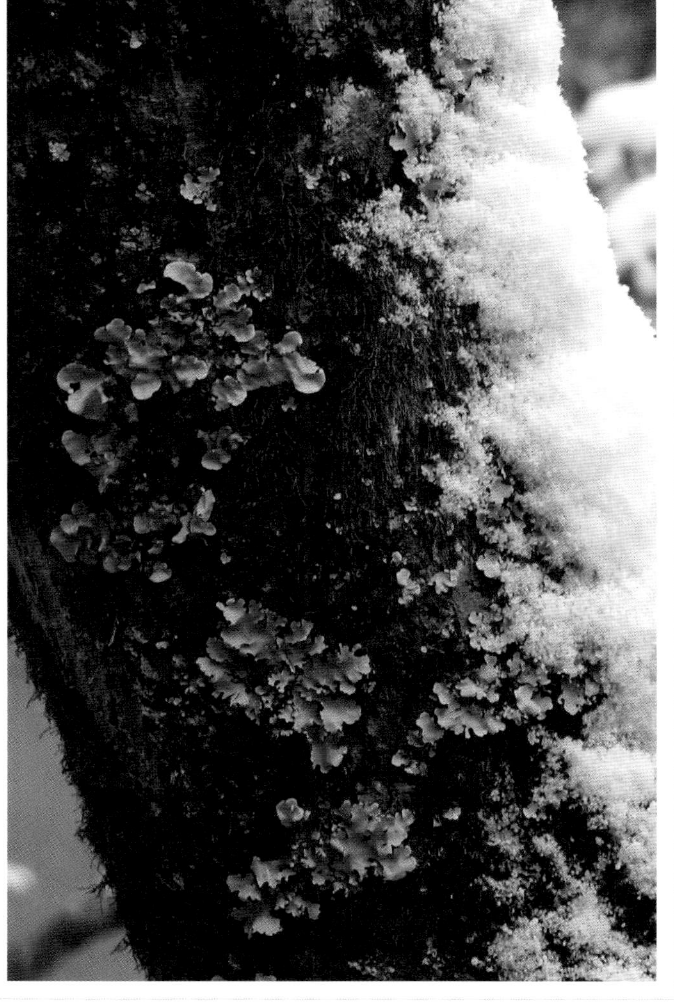

右頁：深秋時水岸草色枯淡枝葉凋零。
左頁：霜降清晨草叢、枝葉上見薄霜。

冬

冬是「終」的古字，為四時之末、一歲之終。冬音似「凍」，表示此時天寒地凍；冬屬冰部，「冫」是古冰字，此時水冰地凍。

中國曆法冬始於立冬日，經小雪、大雪、冬至、小寒、大寒到立春前一日為止。農作物到了此時終於可以冬「藏」了。以中國大陸的北方而言，冬季到全然是天寒地凍，是以氣候為依據的季節。

冬時的六個節氣不離「雪、寒」，充分說明了這個季節的寒冷。屬於冬的七十二候，是「水始冰」、「地始凍」、「鶡鴠不鳴」、「水澤腹堅」，顯示出了「天氣上升地氣下降」，天地不通而「閉塞成冬」。

冬的方位因北斗七星指北是北方，五行的象

徵是壬癸水。此時萬物已到盡頭，是終結枯竭之時，壬癸之水卻又表示了物竭而後萌生的現象，「壬」可通「妊」，正是生命孕育之初期，「壬」也有「大」的意思，生命之源亦是大水，有玄妙的含意，不明瞭中國文化者很難理解。「癸」是十天干最後一位，與數中之「九」一般有極數的意思，物極而返、終而復始，生命生生不息。

冬的歲時最主要是祭祀，臘祭是大祭。而有很長一段時間，冬至是比過年還要重要，天子冬至祭天，由殷商到清末從未間斷。

夏小正

十月、十一月、十二月

十月。豺祭獸。

十月的時候，豺狼捕殺了獵物後四面陳之，似先祭祀然後才食用。

初昏南門見。

太陽剛落下後，又可以看到南門星（此句應是錯簡）。

黑鳥浴。時有養夜。

烏鴉在寒冬日，仍忽上忽下飛翔。十月有一天黑夜是一年之中最長，後人稱冬至日。

玄雉入于淮為蜃。

黑色的雉鳥立冬飛走，人們以為牠沒入淮水之中，變成了大蚌蛤。

織女正北鄉則旦。

當織女星到正北的方位時，天就快要亮了。

麋圖

右：焦佑鈞先生拍攝極難得一見的黑長尾雉。
中：黃河口冬日野鳥群聚。
左：國立故宮博物院藏明陸治〈捕魚圖〉局部。

十有一月。王狩。陳筋革。

十一月的時候，君王舉行冬獵的活動，並省視校閱兵甲。

嗇人不從。

冬獵非社事，且風雪使天地閉塞不通，農官可以不參加。

十有二月。鳴弋。

十二月的時候，在雪霽霜風之晨，鳶鳥仍然會鳴叫。

玄駒賁。納民蒜。

此時獻上黑色壯大的肥馬，同時也是一般人民算納稅糧的時候了。

虞人入梁。

水官在此時已開始設網罟捕魚。

隕麋角。

麋不同於鹿在夏至解角，而是到寒冬麋角掉落了下來。也象徵一年的結束與更新。

立冬

立冬是冬時的第一天，秋去冬續，到了冬天的意思。

太陽黃經在二二五度位置時就是立冬，冬有「終」與「凍」的意思，是一年的終結，也是寒凍的季節及作物終藏之時。

立冬第一候「水始冰」。中國北方的冬季較長，秋末時天氣已非常寒冷，立冬時水就會開始結成冰，不過此時冰面尚薄，所以稱為「始冰」，而到「大寒」時才有形容整個水體都凍結的「水澤腹堅」出現。

立冬的第二候「地始凍」。天地之間不但是水感到寒氣會結冰，土地中亦有水氣，甚而土壤本身也會因為寒冷而凝凍，所謂「天寒地凍」的季節由立冬開始。

水始冰。地始凍。雉入大水為蜃

上：國立故宮博物院藏明張宏倣陸治〈茶花水仙圖〉。
左上：因鳥羽紋似貝殼，冬日不見鳥飛，以為變成水邊大貝殼。
左下：初冬時分的泰山，仍氣象萬千。

立冬第三候「雉入大水為蜃」。雉比雀大，飛入大水中當然變成較大的蛤「蜃」。也是出自《夏小正》十月「玄雉入于淮為蜃」。日本的立冬三候是「山茶始開。地始凍。金盞香」。雖然沒有雉化為蜃的想像力，但在立冬天寒地凍之時，有胭紅的山茶及鮮黃的金盞開花並飄香，也是十分引人入勝。

金盞花是菊科植物，幾乎四季都會開花，仍以初冬最盛。

迎冬、冬補

立冬

迎冬的活動是立冬日天子率三公九卿大夫到北郊六里迎冬。象徵冬日盛德的是玄武，玄是黑色，玄武是黑龜。也有一說是水德之神玄冥。唐長安城之北門用玄武門，著名的玄武門之變即發生在此。

宋代汴京稱拱宸門，宸是北極星所在方位，許多的北門，都稱之為拱辰門。

迎冬雖已式微，民間卻流行在立冬進補，稱之為「入冬日補冬」。古人認為天轉寒冷要補充身體的養分，糯米糕、雞鴨燉八珍是台灣流行的冬補。中藥店推出十全大補湯，以十種滋養的藥材燉雞或排骨，也有吃羊肉進補的習俗，各地不同。

立冬日在宋朝也頗為熱鬧，家家戶戶都會買些冬菜儲藏，尤其是可以收藏較久的薑、豆豉、鴨梨等等。北方也有在立冬開始漬大白菜為酸菜，及做泡菜以便在天寒地凍日仍有蔬菜可食。

過去冬日缺乏新鮮蔬菜，立冬開始製作可長久保存的醃漬菜，泡菜也是保存方法之一。

山茶始開

茶花屬於溫帶植物，分布由韓國、日本、中國東南、中南半島到印度都有，最主要的產地是雲南。因地理位置獨特，約有一萬五千種不同植物，是植物種屬最豐盛的地方。唐宋時期茶花始在中國成為觀賞花木，日本除了是山茶原產地，發展七十二候的時間較晚，而有「牡丹華」、「山茶始開」。

茶花因為花形豔麗、花期長，品種共有六千餘種，有白、粉紅、桃紅、深紅及金黃等五種不同顏色，也有紅白、紅粉相間的茶花，花瓣的形狀亦有單瓣、重瓣。

山茶是常綠喬木，葉子一樣可以做茗茶，立冬時開花，花期長達一、兩個月。一樹千朵在寒冬的霜雪覆蓋下，白雪紅花格外豔麗，被認為是兼有梅花風骨及牡丹華貴的特殊花種。茶花在凋落時花葩仍留在樹上，只有花朵落地且仍然保持顏色鮮豔。

日本人稱山茶為椿，從十二月到春節前後都是觀賞茶花的時期。

小雪

虹藏不見。天氣上升地氣下降。閉寒而成冬

雨遇到寒冷之氣，凝結成白色六角形晶體落下就是雪。「小雪」指天氣變寒，已開始下雪，但雪勢未盛。

太陽黃經二四〇度的位置就是小雪。立冬時水已結冰地也結凍，到了「小雪」更寒冷，下雨也都凝結成雪。

小雪第一候「虹藏不見」。秋冬的七十二候與春夏明顯不同，有些春夏有而到了秋冬沒有了，「虹藏不見」就是對應於「清明」的「虹始見」。除此之外，秋冬的七十二候，是非常單調及貧乏，尤其冬天缺乏生動的草木蟲鳥之變，只是天地景象的一些形容詞。古人認為陰陽之氣交泰才會有虹，此時陰氣盛而陽氣伏，所以虹也藏伏起來看不見了。

小雪第二候「天氣上升地氣下降」。雨水節

上：小雪時北方開始飄雪，此時天地一上一下沒有交集。
下：南方蘇州庭園亦因天地閉塞，沒有生機而成冬。

氣第三候為「草木萌動」，造成草木萌動的原因是天地和同陰陽交泰而使草木萌動出現生機。到了小雪時，天地之氣各正其原位，因而天地不通，萬物寂然。

小雪第三候天地不通「閉塞而成冬」。日本的小雪三候「虹藏不見。朔風拂葉。橘始黃」。朔風是指北風，意思是北風將樹葉都刮落。樹上的橘子，初冬時開始轉黃，橘子冬天結實是過年時重要的吉祥物。

大雪

鶡鴠不鳴。虎始交。荔挺出

節氣中有小暑、大暑，小雪、大雪，小寒、大寒三組，都有漸進的意思，「大雪」即小雪之後大雪紛飛的意思。

太陽黃經在二五五度位置時就是大雪。大陸性高氣壓占優勢，寒冷的北風從西伯利亞吹下來，帶來下大雪的嚴冬。

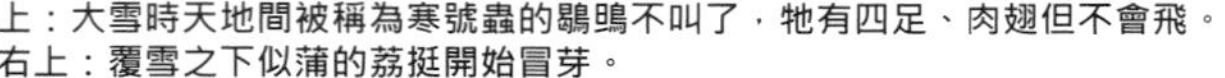

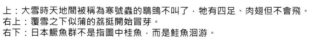

上：大雪時天地間被稱為寒號蟲的鶡鴠不叫了，牠有四足、肉翅但不會飛。
右上：覆雪之下似蒲的荔挺開始冒芽。
右下：日本鱖魚群不是指圖中桂魚，而是鮭魚洄游。

大雪第一候「鶡鴠不鳴」。鶡是鳥名，像雉但比雉大，羽毛青色是一種鬥鳥。「鶡鴠」則是另一種鳥，《本草綱目》中稱寒號蟲，可見牠是一種冬天不休眠仍會號叫的鳥。但即使是鶡鴠，到了「大雪」時節，也因為冰益壯、地始坼（音同「撤」，裂開的意思）而不鳴叫了。

大雪第二候「虎始交」。冬至前的大雪正是陰氣最盛，盛極將衰的時候，此時最弱的陽氣已將萌生，老虎開始求偶行為，可表達陽氣萌動。

大雪第三候「荔挺出」。「荔挺」是一種蘭草屬馬藺類，開花時很像鳶尾。仲冬之月萬物均為雪覆蓋，荔挺卻開始出芽生長。

日本的大雪三候是「閉塞成冬。熊蟄穴。鱖魚群」。閉塞成冬於中國是小雪第三候。「熊蟄穴」表示熊已冬眠在牠的洞穴中，而鱖魚又稱桂魚，是一種肉味鮮美的淡水魚，唐詩有「桃花流水鱖魚肥」之句，在日本大雪天為何會有鱖魚成群，實在無法想像。

冬至

蚯蚓結。麋角解。水泉動

「冬至」是二十四節氣中最重要的一個節氣，也是過去認為一年中最重要的一天。古人很早就以日圭測日影，得知冬至這一天日影最長，所以以這一天為始最容易校正，回歸到冬至日就是新的一「歲」開始。

周朝時以冬至日所在月為歲首，地支紀月稱為「子月」，相當於現在陰曆的十一月。

冬至除〈堯典〉稱「日短」，《夏小正》稱為「時有養夜」外，還有「日短至」之名。「二至」在八節中最早被訂定，「冬至」又比「夏至」更早。太陽黃經在二七〇度位置時即冬至。這一天太陽直射南回歸線，北半球晝最短夜最長。冬至過後太陽北移，陰氣盛極而衰，陽氣開始萌生。

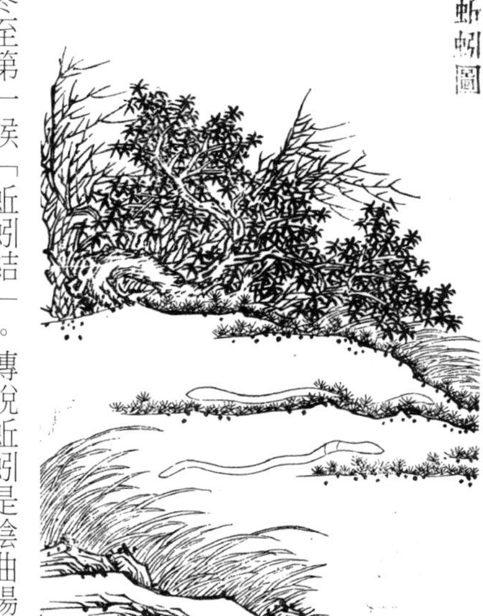

冬至第一候「蚯蚓結」。傳說蚯蚓是陰曲陽直的生物，此時雖陽氣已動但陰氣仍盛，蚯蚓在土中還是交結如繩。

冬至第二候「麋角解」。麋與鹿相似而不同類，鹿是山獸屬陽，麋是澤獸屬陰。夏至時鹿感陽氣漸退而解角，麋正好相反，在冬至時感到陰氣漸退而解角。

冬至第三候「水泉動」，在天寒地凍的時分，水泉又如何動呢？這也要用陽氣生，所以水泉也跟著動來解釋。

日本的冬至三候是「乃東生。麋角解。雪下出麥」。乃東又稱夏枯草或遠志，此時生長，如小滿時所言「靡草死」，冬至正是靡草生的時分。日本關西地方小麥在十一月出芽，所謂雪下出麥時。

冬至是西方冬天的開始，中國卻認為那天陰氣至極，但一過則「冬至一陽生」。

祭天

民間諺語「冬至大過年，過了冬至就長了一歲」。周朝及漢初冬至不但是歲首，也是一年的開始，「冬至大過年」的積習亦無法在短時間內移風易俗。正如同今天「元旦」已改在陽曆的一月一日，但民間仍歡度陰曆正月初一的春節。

宋朝時冬至是與元旦一樣重要的大節，老百姓都在這一天換新衣新帽，並且祭祖賀年，比元旦日還熱鬧。

天子在冬至祭天更是自遠古以來，到清末仍遵行的大禮，北京城南的天壇，自明成祖遷都北京以來所建，是皇帝祭天的地方。中國的地圖南方在上，所謂南天北地，因此天壇設在南郊，「冬至一陽生」冬至祭天。北方在下，北設地壇夏至日陰氣萌時祭地。

天子冬至祀天於天壇的圓丘，圓丘中央有一圓形石稱天心石，更是祭祀的核心。

旗人冬至祭天，並同時祭祖，在祭典之後以祭祀用的豬煮成白肉與同祭者分享神胙。

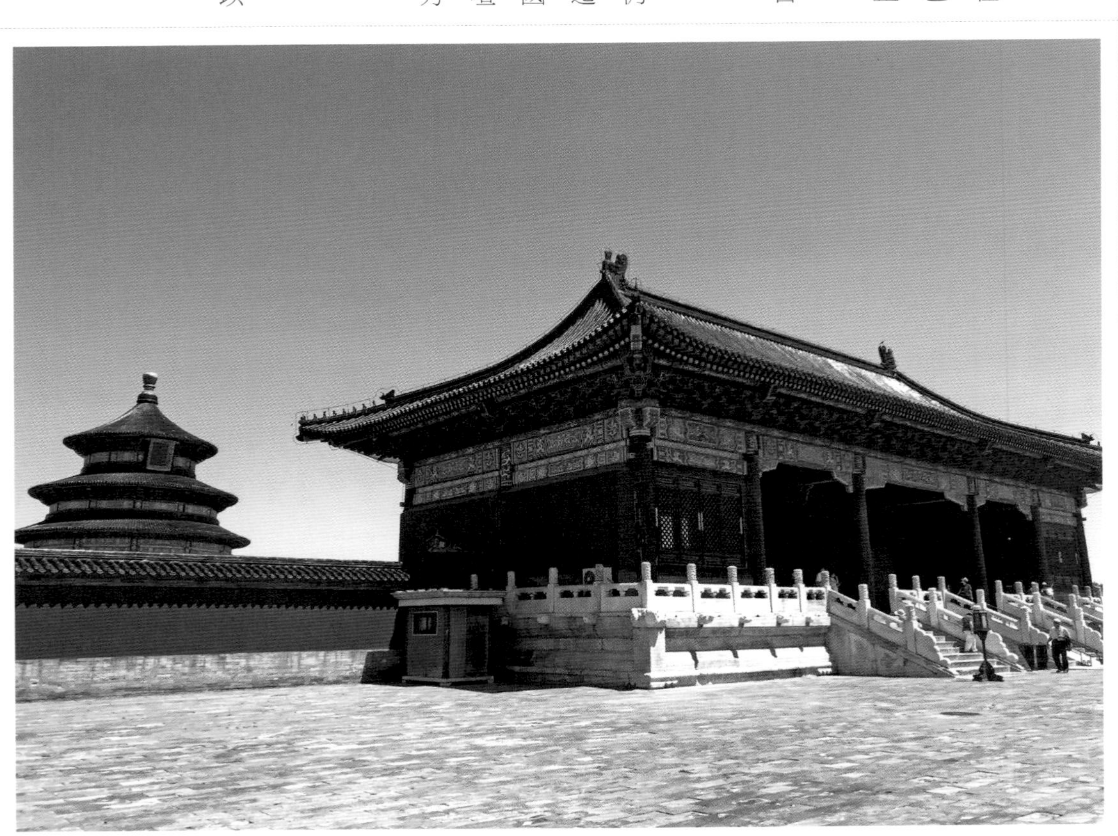

右頁：天壇祈年門與祈年殿。光緒十五年（1889）祈年殿全毀於雷火，七年後始完成重建。
左下：為費利斯．比托（Felice Beato）1860 年所拍祈年殿燒毀前原貌。
左上：祈年殿南的圜丘才是皇帝祭天地的天壇，其中心為「天心石」。

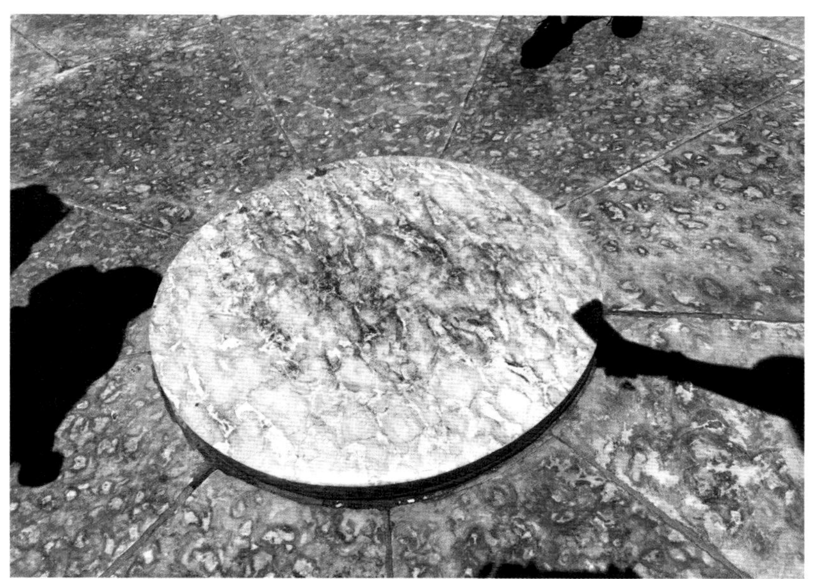

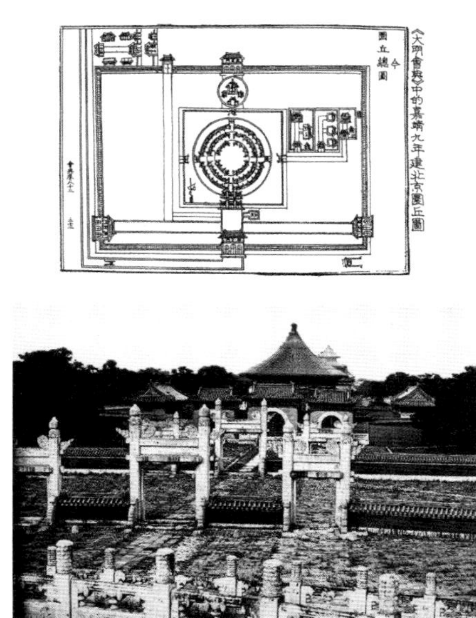

《大明會典》中的嘉靖九年建北京圜丘圖

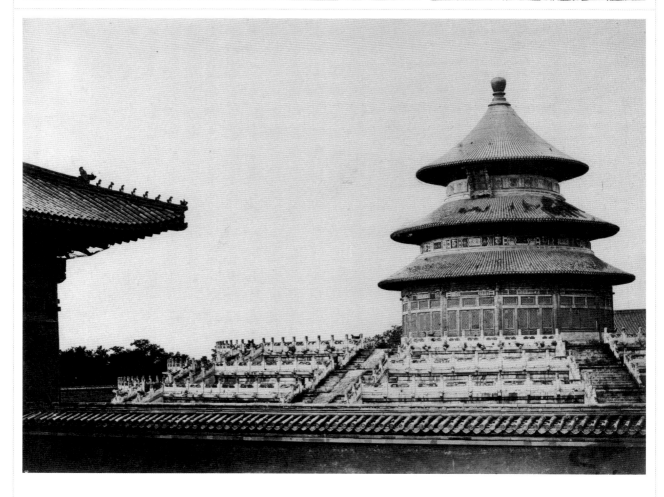

冬九九

冬至

北方「冬至餛飩夏至麵」取其形似元寶。南方吃湯圓喻團圓之意，有餡的祭祖、無餡的拜神。台灣冬至圓，要做紅、白兩色，包餡的大如雞蛋稱之為「圓仔母」。祭祀過後全家上下床、桌、門、井都要貼上一、二粒以犒賞這一年來辛苦服勞，共祈福氣。

雞母狗仔是台灣地區冬至祭祀的特色，以麵粉染色做成雞及各種動物，粒粒晶瑩的雞母狗仔，在冬至供品中鮮豔出色。

冬至日起有冬九九，以「數九」的方法打發無聊的冬日，有以描紅簿的格式，取每字九

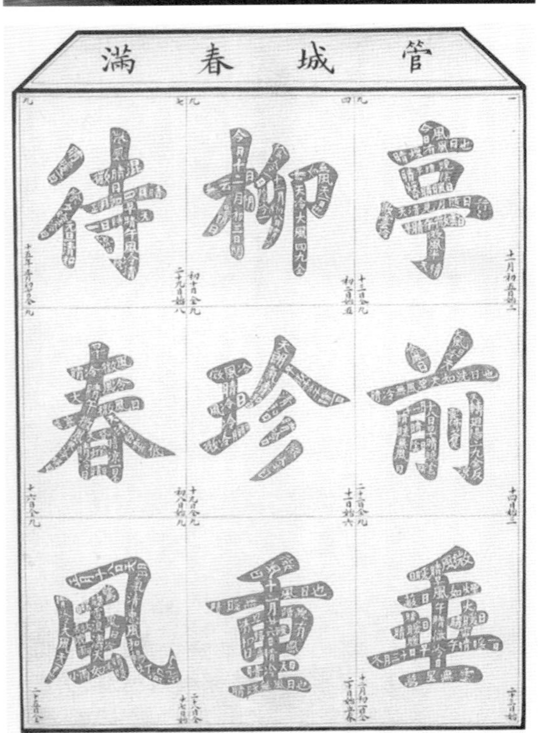

劃的字，九個組成一句，每日描一筆，描完九字是八十一天則冬盡春回了，這些句子大多可自撰如「幸保幽姿珍重春風面」。除文字外，亦有以梅花為主題繪成「九九消寒圖」，在冬至日畫素梅圖一幅，每日以紅筆染一梅瓣，這幅梅圖當然也正好是八十一瓣，於是白梅都變成紅梅時，冬盡春來了。

右上：冬至拜拜的雞母狗仔。
右下：各式九九消寒圖，
梅花由涂璨琳教授繪。
左頁：清宮緙絲加繡的〈九羊啟泰圖〉。

小寒

雁北鄉。鵲始巢。雉鴝

冬至不是最冷的時候，「冷氣積久了為寒」，小寒是真正的嚴冬開始。

太陽黃經二八五度的位置就是小寒。天地之間寒冷之氣長時間的累積，這時到了「數九寒天」，諺語「熱在三伏，冷在三九」，小寒正數到三九，此時冰最堅不易融化可久藏，古時凌官在此時鑿冰藏冰入窖。

小寒第一候「雁北鄉」。古人認為候鳥中雁是順陰陽氣而遷移，此時陽氣已動，有些雁已開始往北飛。

小寒第二候「鵲始巢」。喜鵲是中國人喜歡的吉祥鳥，常群居在住宅區的喬木上築巢。鵲是喜陽之鳥，感到陽氣動而開始築巢。

小寒第三候「雉鴝」。鴝是鳴叫的意思，《夏小正》十二月有「鳴弋」，雪霽霜風之晨只有鳶鳥仍然鳴叫，冬至後陽氣已萌動。

日本的小寒三候是「芹乃榮。水泉動。雉始鴝」。芹也是生在嚴冬的植物，春七草中就有芹，其餘的與中國的相似。

鵲圖

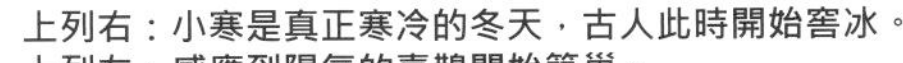
上列右：小寒是真正寒冷的冬天，古人此時開始窖冰。
上列左：感應到陽氣的喜鵲開始築巢。
下列：日本的水泉動，也表示陽氣漸升。

二十四番花信風

風應花期、其來有信

開花的消息稱「花信」，也就是花期。應期而吹來的風，所謂「風應花期。其來有信」。

花信風詳見於宋朝程大昌所撰《演繁露》。花信風是江南一帶的習俗，由小寒節氣起，經大寒、立春、雨水、驚蟄、春分、清明到穀雨為止，五日一番風候，梅花最先、楝花最後，共二十四番花信風。

本頁上下右左分別為茶花、水仙、瑞香及梅花。

宋朝時江南地區人文薈萃，物產豐富，自然會發展出屬於江南的獨特文化，花信風就是代表。這二十四番花信風分別為：

小寒：梅花。山茶。水仙。

大寒：瑞香。蘭花。山礬。

立春：迎春。櫻花。探春。

雨水：菜花。杏花。李花。

驚蟄：桃花。棠棣。薔薇。

春分：海棠。梨花。木香。

清明：桐花。麥花。柳花。

穀雨：牡丹。荼蘼。楝花。

要知道花信風的傳說，才能明白曹雪芹在《紅樓夢》六十三回中引北宋王淇詩句「開到荼蘼花事了」，比喻盛世已盡的心境。

本頁上下右左分別為荼蘼、木香、牡丹及楝花。

臘、臘祭

十二月初八

佛教傳入後不少傳統節日受到影響，周朝即有約在小寒節氣內祭諸神即祖先的「臘」，因釋迦牟尼得道於十二月初八，祭祀就被選定在十二月初八。原先臘的前一日是驅疫儀式的「儺」也式微。

自宋朝後盛行此日以豆果黍米煮七寶五味粥齋僧，紀念佛祖修行六年，每日只食一米一麻，稱臘八粥。

民間以為臘八粥就是用八種不同的果子雜料共煮，已不知何為七寶五味。台灣以蓬來米加上蓮子、桂圓、花生、藕、葡萄乾、糖木瓜絲、醃桂花醬及砂糖。

有些地方不用蓮子桂圓，用黃米、白米、江米、小米、菱角米五種米加上栗子、紅豆、紅棗、紅白糖和水煮熟後加核桃仁、杏仁、瓜子、花生、松子及葡萄乾點染裝飾。

清康熙時賜功臣臘八粥，雍正時更命官窯特燒白地青花瓷粥罐，目前已不多見。
下圖為國立故宮博物院藏明永樂、宣德青花四季花卉紋蓋罐。

大寒

雞乳。征鳥厲疾。水澤腹堅

「大寒」相對於「大暑」，一為炎熱之極，而另一為嚴寒之極也。

太陽黃經在三〇〇度就是大寒。二十四節氣解：「大者乃栗烈之極也。」

大寒第一候「雞乳」，意思是孵育小雞。古人有在立春之前孵小雞的說法，但在《夏小正》中一月才是「雞桴粥」的時分。

大寒第二候「征鳥厲疾」。征鳥是指有殺伐之氣的鳥類如鷹隼之屬，這時仍有殺戮的能力，到了春天鷹化為鳩，就不再出現了。

大寒第三候「水澤腹堅」。此時寒冷已極，水域中冰一直結到水中央，又厚又堅硬。只是五日之後立春第一候就是「東風解凍」，符合中國人一貫的哲理——滿就是損的開始，冰凍到極致，就要開始解凍了。

日本的大寒三候是「款冬華。水澤腹堅。雞始乳」。款冬又叫款東或款凍，是少數在寒冬開花的植物，《本草綱目》稱「款冬花」。而日本把水澤腹堅放在第二候，雞始乳放在接近立春日的第三候。自此大寒漸去，而立春將至，周而復始，一歲歲一年年後，如此循環生生不息。

上：大寒冷到極致，屋簷滴水成冰柱。
右：大寒時分嚴島神社亦為雪所覆蓋。
左：大寒後是立春，款冬搶先冒芽。

尾牙、祭灶

十二月
十六、二十三

尾牙是源自拜土地公做「牙」的習俗，從二月二頭牙後，每逢初二及十六都要「牙」，到十二月十六正是尾牙。

尾牙一樣有潤餅可吃，商家還要設宴且白斬雞為尾牙中不可缺少的菜，傳說雞頭向誰就表示將解僱此人的意思。許多老闆就將尾牙的雞頭朝自己，員工也就放心享用佳饌，次年職位也得到保障，可以回家準備過年了。

「尾牙」近年來非常盛行，工商業發達的今天，歲尾老闆宴請同仁及業務相關者，豐盛的餐宴外還有抽獎及巨星表演已成風氣。

灶神傳說是玉帝派到每個家中，監司這家人平時善惡的家堂神之一，每年歲尾要送灶神上天奏報，之前先祭祀之。

希望灶神「上天言好事，回宮降吉祥」。民間也有用黏性很強的糖來祭灶，企圖把灶神的嘴封住，這種糖稱灶糖。

東漢後臘月祭灶，北方在二十三日、南方選二十四日，一併還有「送神」儀式。將家中供奉的大小神明一起送上天。而這些神明都到正月初四才回來，只有灶神在除夕就回來，因此除夕接灶，焚香禱祝，換貼一張新的灶神版畫即可。

祭灶神表現文化中敬天法祖精神，調君子慎獨，冥冥之中灶神監督每家每戶的善惡。

右頁上：從頭牙到尾牙都有吃潤餅的習俗。
右頁下：家神仍以灶神為主。
上：台南開台玉皇宮灶神。
右：過去祭灶要換一張新的灶神像，與月曆印在一起，正好一年換一張。

送神

十二月二十四

家中除了有供奉的神明外，過去的中國人認為門、井、堂、廁、灶都有神明，稱之為家堂神，到十二月二十四不僅只有灶神會上天回奏，其他諸神明都要上天，因此這一天一併有「送神」的儀式。

「送神早，接神遲」。一大清早家家戶戶備牲醴、果品，焚香並燒金紙及甲馬，送神上天。此日最好有風。諸神乘煙火早刻昇天。神明上天後的次日，傳說玉皇大帝及三清親來人間再察看。民間認為二十四日這天夜晚因為無神管轄，窮人特選這一天來完成一些

平時需備大牲醴才能完成的儀式，並可省去擇日的麻煩，如婚禮就是其中之一。

神明上天的空檔，也是一年一度大掃除的日子，北方叫「掃塵」，台灣叫「清黗」。過年前總是要打掃清理，卻怕碰到神明，特選送神後，是古人的周到。

過去梨園弟子會在朝廷封印日唱封箱戲，封箱戲的收入作為文武場龍套者的紅利。過去學塾也在此日開始放年假休息，所有的工作都結束，開始準備辭歲過年。

上列：送神要用紙馬。有甲馬、雲馬多種。
下右：送神一樣需準備鮮花、素果及金紙。
下左：明代家戶以「天地三界十方真宰」代表所有一切神祇。

除夕、辭歲

元旦是一年之始，除夕是一年之終——「有始有終」。除夕辭歲與元旦是一樣重要的節慶。年節活動從封印就開始，一直到開印才結束。

除夕下午祀神祭祖儀典稱「辭年」，漢武帝改用夏曆後，一般人分不清年、歲，也有人稱之為「辭歲」。除夕祭祖是民間大祭，有宗祠者要開宗祠。祭祀前將門聯、門神、桃符更換煥然一新，並要燃點大紅色的蠟燭，全家按長幼之序拈香下拜。

辭歲前的準備工作非常多，臘肉、鹹肉、香

腸等大約十二月初就要醃製。年糕、發粿等年俗必備之食物，十二月二十六開始蒸做。北方包過年吃的餃子，包完餃子都凍結起來，存起來慢慢地吃。

辦年貨也是重要活動，先要到香燭鋪中買好過年要用全付香燭，再要買紅包、春聯、門神、灶神等應節物品。當然也少不了糖果、乾果、水仙花、橘子等吉祥物，人們也逐漸改在過年，而不在冬至換新衣新帽。

過年闔家歡樂，除了換桃符，還要辦年貨，瓜子、花生、糖果外，象徵吉利的橘子更是不可或缺。

除夕辭歲後的年夜飯，是中國人一年之中最重要的一頓飯，也是全家團圓的圍爐宴。年夜飯中要有許多象徵吉祥如意的菜式，一定要有魚，因「魚」音同「餘」，過年吃魚是「吉慶有餘」或「年年有餘」，有些地區魚是只可以看，才是「吃剩有餘」。

還有取「碎」與「歲」同音，極費工夫的歲菜，又稱十樣菜。兼「十全十美」與「歲歲平安」的吉祥菜。

歲菜的材料各家各地不同，似如意的黃豆芽是絕對不能缺少的，考究的歲菜必備冬天才

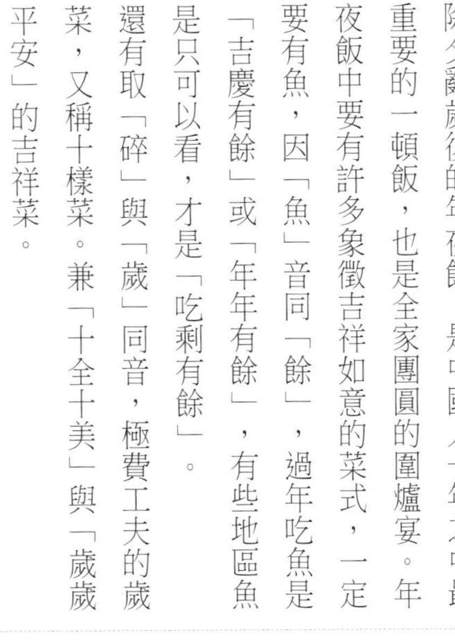

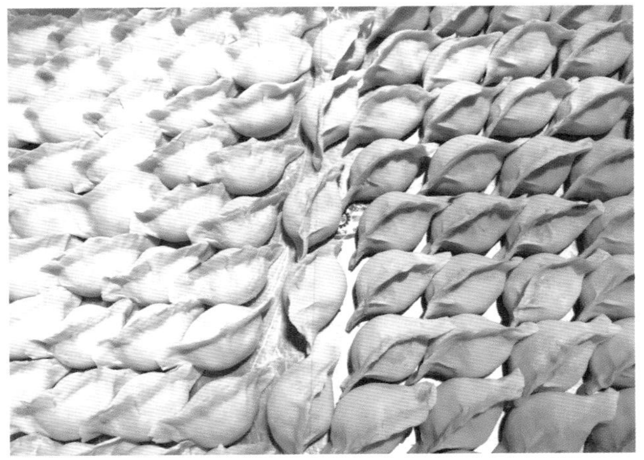

右：餃子像元寶、發糕取「發」字，過年不可少。
上：年夜飯除有魚外，考究的還有海參等需先「發」的食材。
左：作者自炒的歲菜，有薺菜、冬筍等冬天才有的美味。

有的時鮮薺菜與冬筍，此外木耳、金針、豆干、油豆腐、胡蘿蔔、酸菜、嫩薑等自行搭配。炒歲菜的祕訣則在將十樣蔬菜，切成碎絲，每一樣菜都要分開炒到乾，最後用麻油拌在一起才清香可口。

年夜飯是全家難得歡聚的一刻，各地年俗都認為應慢慢地享用。吃完年夜飯開始守歲，宋朝開始，就認為如果除夕能通宵不眠，則主父母長壽，守歲守到子時一過，爆竹聲起大家互賀新年。

過年還有小朋友最喜歡的壓歲錢，是長輩給晚輩期勉其來年更聰明讀書聽話的小禮，這些紅包有些放在除夕祭祖供桌上一起祭拜，也有壓在歲燭下一起守歲，也有大人偷偷壓在小孩枕下，其意義均相同。

除夕過後一元復始，萬象更新，新的一年緊接來到，周而復始循環不已。

年糕取年年高升之意，橘字同吉，南瓜是金瓜。

後記

商周銅鼎上常見「萬年子子孫孫永寶用」的銘文，左圖拓自西周虢季鼎。

古人期望後代子孫能珍惜寶物及傳承國祚與文化。

一九九〇年，時任文建會主委郭為藩博士提倡傳統文化保存與創新，《中國人傳承的歲時》一書初版時他序文〈尋回我們共同的記憶〉提到：「歲時節慶的歡愉，不論是對先民或現代人，都是在天地宇宙之間找安身立命所在，及肯定生命價值的憑依」。多年後因緣際會去清華大學兼課，有幸拜在黃一農院士門下，因黃老師哥倫比亞大學天文物理博士的基礎及專研多年中國天文曆法科技史，精進了歲時節氣的知識，惠我良多。本書是一九九〇年版的進階。

當時是為傳承及相信這個文化的人而寫，三十多年後二十四節氣已登錄為聯合國人類非物質文化遺產，與生活、農耕、祭祀及政令密切相關。重寫之時，心中仍是秉持這個理念，希望與商周鼎上銘文一樣「萬年子子孫孫永寶用」。

遠古部族各有不同的信仰與圖騰
伏羲鱗身、女媧蛇軀，
豬首龍可能是豬與蛇的圖騰
禹字從虫甲骨文中同巳，巳即蛇
詩經商頌天命玄鳥降而生商
其祖先帝俊是鳥首獸身
龍最後出現，蛇身、魚鱗、猪頭、鹿角、鳥爪
實是包容了四千年來
不分語言、信仰、生活習慣的各種圖騰
敬天法祖而綿延不絕

【附錄：壹】歲差與春分點西移

北半球在地球自轉地軸所指北天極的恆星，稱之為北極星。

北極星並非一顆星，係因地球自轉軸緩慢且均勻的變化，在北天極繞出一個圓周軌道，其週期二〇〇六年計算出的數值為25,722年。地軸指向為北極星，北極星隨著此一軌道移動，目前的北極星為勾陳一（Polaris 小熊座 α），到西元一四〇〇〇年左右織女星將成為北極星。

此一移動連帶造成黃道與赤經交角的緩慢變化，此一交點為太陽黃經零度即春分點。當西元前六七二年左右黃道十二宮成形時，春分點落在牡羊座，成為黃道第一宮。天文學家西帕恰斯（Hipparchus）約在西元前一二七年時，首先發現春分點在黃道上的移動，在一個世紀中的移動率不會小於一度（現代測定為每七十一年八個月移動一度）。

東晉咸和五年（三三〇），虞喜計算出冬至太陽位置每五十年向西移動一度，南齊天文學家祖沖之《大明曆》為全世界首次將此移動納入曆算，稱「冬至所在，歲歲微差」而有「歲差」一詞。

古人不知有「歲差」，不論西帕恰斯、虞喜或祖沖之的數據均有誤差，天文學家認為〈堯典〉昴星為冬至的昏中星是符合傳說帝堯的年代，《夏小正》上各月量星的觀測亦大致符合當時夏都附近的天象。

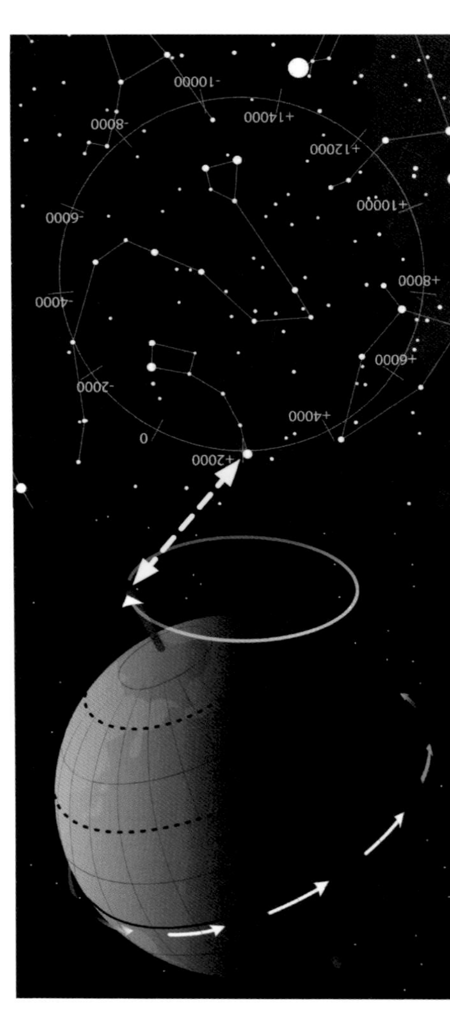

地球自轉及繞日公轉時
地軸緩慢變化
致天頂北極星亦有變化
其變化周期如上圖
維基百科 Tau'olunga 製作

八節

古人認為每一節氣均是人生的關口，以儀典活動可協助度過，稱為過節。最早的八節就是四立、二分、二至。八節雖與天地自然息息相關，與庶民生活的關係不大。

《荊楚歲時記》的歲時節慶

元日到除夕荊楚地區的活動、傳說、神話以及民俗，是屬於民間的節日，春節應源於此時。

元月——三元（初一）為歲、時、月之元。
　人日（初七）。立春。上元。
　未日（百鬼走）。正月末。
二月——春分、社日（立春後第五戊日）。
　寒食（冬至後一零五日）。
三月——上巳（第一個巳日）。
五月——初五蓄百草。夏至食粽。
六月——伏日（夏至後第三庚日為初伏，第四庚日中伏、立秋後第一庚日末伏）。
七月——七夕（初七）乞巧、牽牛織女會。
　十五盂蘭盆、普渡。
八月——天炙（十四日）此時尚無中秋節。
九月——重陽（初九）登高、飲菊花酒。
十月——朔秦歲首吃芝麻粥與赤豆飯。
十二月——臘日（初八）此日逐鬼，祭灶。
　祭灶後延到二十三日。
歲前——除夕辭歲，吃年夜飯。

《東京夢華錄》

宋孟元老撰，記載宋徽宗時汴梁風俗人情、城市規模、街巷遊觀、集市廟會及歲時風俗。

正月初一—年節有賀年、關賭、飲宴等。
正月十五—元宵節百戲雜陳、有花燈。
立春—春牛、打春。
清明—寒食第三節即清明。
四月初八—佛誕日浴佛。
六月六—崔府君生日、二十四—神保觀神生日。
立秋—立秋節。
七月七—七夕、十五—中元節。
秋社—立秋後第五戊日為社、中秋節—八月十五。
九月九—重陽。
十月初一—授衣節、初十—天寧節宋徽宗生日。
立冬—立冬節。
冬至—冬至節。
十二月初八—臘日。
歲末—除夕。

吳璧人：77、114、138、150 ~ 151、163
羅文邦：77、100 ~ 101、103、118、146、150 ~ 151
靳蓉：82 牡丹姚黃
莊智：98、99 菩薩寺浴佛
蔡惠卿：102 麥秋
陳啟明：104 青梅、129 桐花
李春美：109 端午豎蛋
范毅舜：112 跳鍾馗
郭貴婷：122、148 普渡
楊平世：128 螢火蟲幼蟲
焦佑鈞：166 黑長尾雉
費利斯．比托（ Felice Beato，1833 - 1909）：179 天壇 1860
涂璨琳：180 冬九九
蔡愷俐：192 送神
未註明照片均為作者所攝

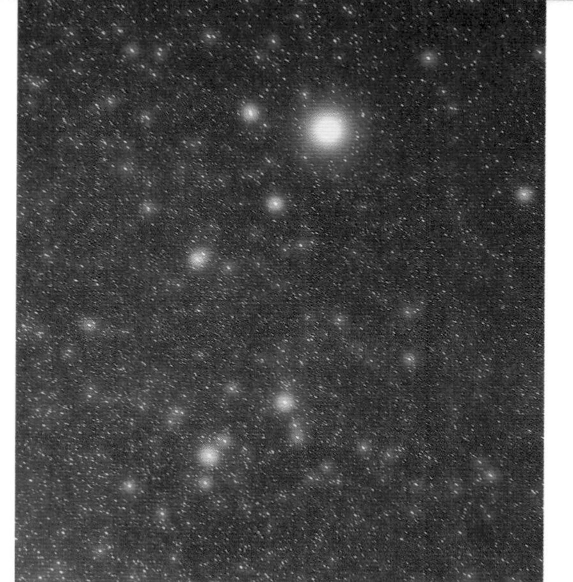

【圖片來源】

上圖由左往右依次為銀河漢案戶、織女星、大火心宿二、北斗及獵戶座參四

陳培堃：2 ～ 3 大火、52 北斗、55 參、135 漢案戶、142 織女

維基百科：3、13、14、15、16、19、20、23、24、48、49、116、202（公共領域）

NASA/ Juno - Mission to Jupiter：4、5、8（公共領域）

美國大都會博物館 Metropolitan Museum of Art：4、21、22、34 ～ 35、 78 ～ 79、 118 ～ 119、136 ～ 137、183（公共領域）

古今圖書集成：6、7、17、53、54、55、64、67、83、91、92、95、102、103、136、137、141、143、151、157、166、177、183（公共領域）

國立故宮博物院：8、9、36、72、73、 74 ～ 75、85、 99、109、111、113、 116 ～ 117、121、125、126、139、149、155、157、 161、167、168、181、186（公共領域）

美國 National Museum of Asian Art：10、12（公共領域）

欽定書經圖說：12、67、114（公共領域）

蒙維愛：25、46、47、87、111、122 、126 ～ 127、130

年節習俗考全圖 1901 版：30

周莊：31、60 ～ 61、73、105、123、130、154、186 ～ 187（1990 委託攝影）

漢聲：58、59、160 ～ 161、180、198、199

馬以新：60、163

【參考書目】

—文獻古籍

《尚書・堯典》、《夏小正》、《周髀算經》、

《呂氏春秋・十二紀》、《禮記・月令》、《淮南子・天文訓》、

《欽定古今圖書集成》、《四庫全書》

—圖錄

《三才圖會》、《欽定書經圖說》、

《中國民間諸神版畫》、《年節習俗考全圖》

—書籍、論文

《荊楚歲時記》梁・宗懍、《東京夢華錄》宋・孟元老

《中國天文學史》陳遵媯

《Science and Civilization in China》Joseph Needham（李約瑟）

《天文曆學論著選》高子平

《近代中國科技史論集》楊翠華、黃一農主編

〈通書：中國傳統天文與社會的交融〉黃一農

〈敦煌本具注曆日新探〉黃一農

〈蘇州石刻天文圖新探〉黃一農

【謝誌】

本書得以完成感謝

初版時郭為藩教授、王行恭、周莊協助支持。

《夏小正》由辛意雲教授解析。

再版時仍持續協助的

黃永松、涂璨琳、楊平世及陳培堃更精進的天文攝影。

姊妹簡靜惠、余範英、蘇怡、章慈育、靳蓉長久的鼓勵。

提供照片及沒提供照片的所有好友，

設計一姐霍榮齡義務指導提點、

廖咸浩協助英文書名訂定

及黃一農院士常年的教導。

如有任何遺漏，亦請海涵。

知識叢書　1107

歲時律動：智慧四千年的二十四節氣

作　者—馬以工
主　編—王育涵
資深編輯—張擎
責任企畫—林進韋
藝術顧問—霍榮齡
美術設計—蔡慴俐
總編輯—胡金倫
董事長—趙政岷
出版者—時報文化出版企業股份有限公司
一〇八〇一九台北市萬華區和平西路三段二四〇號七樓
發行專線—（〇二）二三〇六六八四二
讀者服務專線—〇八〇〇二三一七〇五・（〇二）二三〇四七一〇三
讀者服務傳真—（〇二）二三〇二七八四四
郵撥—一九三四四七二四時報文化出版公司
信箱—一〇八九九臺北華江橋郵政第九十九信箱
時報悅讀網—www.readingtimes.com.tw
人文科學線臉書—https://www.facebook.com/humanities.science/
法律顧問—理律法律事務所　陳長文律師、李念祖律師
印　刷—金漾印刷有限公司
初版一刷—二〇二二年一月七日
初版二刷—二〇二二年一月二十日
定　價—新台幣五〇〇元

時報文化出版公司成立於一九七五年，並於一九九九年股票上櫃公開發行，
於二〇〇八年脫離中時集團非屬旺中，
以「尊重智慧與創意的文化事業」爲信念。

歲時律動：智慧四千年的二十四節氣 / 馬以工著. -- 初版. --
臺北市：時報文化出版企業股份有限公司, 2022.01
面；　公分. --（知識叢書；1107）
ISBN 978-957-13-9707-8(平裝)

1. 歲時習俗 2. 歲時節令 3. 節氣

539.59　　110018984

ISBN 978-957-13-9707-8
Printed in Taiwan